汽车发动机检测与维修

主　编　谢先树　姚恺宁
副主编　王桥生
参　编　文　建　叶德波　杨荣贵
　　　　张红琼　吴　洋

机械工业出版社

本书根据不断发展变化的汽车市场需求和人才培养需要，以培养学生学习能力、专业能力为导向，以实际工作过程为纽带组织内容。本书内容包括发动机性能检测，发动机的拆卸，曲柄连杆机构的检测与维修，配气机构的检测与维修，燃油供给系统的检测与维修，点火系统的检测与维修，润滑系统的检测与维修，冷却系统的检测与维修，进、排气系统的检测与维修，发动机的装配与装配质量检验10个项目，共25个学习任务，每个学习任务均以相关知识、数字教学资源、任务实施、评价与反思的结构进行编排，并提供丰富、适用的学习工作页，引导学生在"学中做、做中学"，促进学生全面发展。

本书既可作为高职院校汽车类专业的教材，也可作为汽车维修人员的岗位培训或自学用书。

图书在版编目（CIP）数据

汽车发动机检测与维修/谢先树，姚恺宁主编. —北京：机械工业出版社，2022.6（2023.1重印）

ISBN 978-7-111-70648-9

Ⅰ.①汽⋯　Ⅱ.①谢⋯②姚⋯　Ⅲ.①汽车-发动机-故障检测②汽车-发动机-车辆修理　Ⅳ.①U472.43

中国版本图书馆 CIP 数据核字（2022）第 070255 号

机械工业出版社（北京市百万庄大街22号　邮政编码100037）
策划编辑：王　博　　　　责任编辑：王　博
责任校对：陈　越　王　延　封面设计：马若濛
责任印制：李　昂
北京中科印刷有限公司印刷
2023年1月第1版第2次印刷
184mm×260mm・13印张・326千字
标准书号：ISBN 978-7-111-70648-9
定价：49.80元

电话服务　　　　　　　　　网络服务
客服电话：010-88361066　　机　工　官　网：www.cmpbook.com
　　　　　010-88379833　　机　工　官　博：weibo.com/cmp1952
　　　　　010-68326294　　金　书　网：www.golden-book.com
封底无防伪标均为盗版　机工教育服务网：www.cmpedu.com

PREFACE 前言

中共中央办公厅、国务院办公厅印发的《加快推进教育现代化实施方案（2018—2022年）》指出，应深化职业教育产教融合，着力构建基于信息技术的新型教育教学模式，促进信息技术与教育教学深度融合，实施新时代立德树人工程。据此，我们编写了《汽车发动机检测与维修》这本信息化、工作手册式教材。

本书依据汽车技术类岗位的典型工作任务和职业能力进行设计，打破传统学科以知识传授为主要特征的教学模式，转变成以完成工作任务为中心的项目式教学模式，并融入了安全生产知识、课程思政、工匠精神内容，还在书中及超星学习通平台（网址为 https://mooc1.chaoxing.com/course/207615113.html）上配套提供了在线教学微课、实操视频及相关学习资源。学生可用手机扫码学习相关微课和实操技能，也可在线完成学习任务和参与讨论，教师可在线给学生答疑，对学生的学习效果进行实时分析和评价。以上设计可使学生在完成具体工作任务的过程中形成良好的职业素养，提升团队合作能力、学习能力、分析和解决问题的能力。

本书精心挑选汽车技术中典型的、高频率的作业项目，以汽车机电维修岗位工作中出现的具体任务为主要内容，根据"实用为主、够用为度"的原则，删减传统内容中的部分理论知识和工作中用不到的知识，科学地确立学习项目，设计学习任务，注重学生实践技能的培养和提高，突出操作技能的训练，让学生的学习过程变成技能提升过程。每个项目均以企业实际工作案例作为任务导入，对教学内容进行展开，重点阐述汽车发动机的构造、工作原理、故障现象、故障原因、检测流程和维修方法等。在内容设计方面，形成以工作任务为主线的项目式教学，将传统集中讲解的基础知识、步骤流程等融入到完整的项目中，实现知识和技能的融合。在教学实施过程中，同时采用信息化教学手段，并配套使用超星学习通平台，将理论教学与实践教学相结合；学生以小组为单位进行实操训练，在进行实操训练时，小组成员可扮演质量员、安全员、操作员等角色。总之，本书将知识传授、能力培养、素质教育融为一体，目标是促进学生全面发展。

本书由谢先树、姚恺宁任主编，王桥生任副主编，谢先树编写项目1、项目7，文建编写项目2，叶德波编写项目3，杨荣贵编写项目4，张红琼编写项目5和项目6，姚恺宁编写项目8，王桥生编写项目9，吴洋编写项目10，谢先树和姚恺宁负责全书统稿和审定工作。本书在编写过程中得到了广汽丰田汽车有限公司的大力支持和帮助，在此表示衷心感谢。

由于编者水平有限，书中难免有疏漏及错误之处，敬请各位专家和广大读者批评指正。

编　者

CONTENTS 目录

前言

项目1 发动机性能检测 ··· 1
    任务1 安全防护 ··· 1
    任务2 发动机气缸压力的检测 ··· 14
    任务3 发动机性能评价 ·· 22

项目2 发动机的拆卸 ··· 27
    任务1 发动机总成的拆卸 ··· 27
    任务2 发动机外围件的拆卸 ·· 32
    任务3 气缸盖的拆卸 ··· 38
    任务4 活塞连杆组的拆卸与分解 ·· 44
    任务5 曲轴飞轮组的拆卸 ··· 51

项目3 曲柄连杆机构的检测与维修 ··· 57
    任务1 机体组的检测 ··· 57
    任务2 活塞连杆组的检测 ··· 64
    任务3 曲轴飞轮组的检测与维修 ·· 70
    任务4 曲柄连杆机构的装配 ·· 77
    任务5 曲柄连杆机构的故障诊断 ·· 83

项目4 配气机构的检测与维修 ··· 90
    任务1 气门组的检测与维修 ·· 90
    任务2 气门传动组的检测 ··· 106
    任务3 配气机构的装配 ·· 115
    任务4 配气机构异响故障的诊断 ·· 124

项目5 燃油供给系统的检测与维修 ··· 130
    任务 燃油压力异常的检测与维修 ·· 130

项目6 点火系统的检测与维修 ··· 142
    任务 点火系统故障的检测与维修 ·· 142

项目7　润滑系统的检测与维修 **159**

　　任务1　机油压力的检测 **159**
　　任务2　机油压力偏低故障的诊断与维修 **164**

项目8　冷却系统的检测与维修 **171**

　　任务　冷却系统温度异常故障的检测与维修 **171**

项目9　进、排气系统的检测与维修 **182**

　　任务　进、排气系统的检测与装配 **182**

项目10　发动机的装配与装配质量检验 **191**

　　任务1　发动机的装配 **191**
　　任务2　发动机装配质量的检验 **195**

参考文献 **201**

项目 1

发动机性能检测

任务导入

张师傅反映他的车最近动力不足,油耗较大,且每周需添加1L左右的机油,该车发动机性能如何?是否需要大修?如果你是汽车维修技师,应怎样诊断张师傅车的故障?

任务 1　安全防护

知识目标

1. 能描述安全生产的重要性。
2. 能描述发动机检修的安全操作规程。
3. 能描述发动机检修过程中常见的安全隐患。
4. 能描述"5S"的内涵。

技能目标

1. 检修发动机前,做好安全隐患排查。
2. 检修发动机前,做好规定的安全防护措施。

社会能力目标

1. 具有一定的安全生产意识。
2. 了解汽车检测维修行业的职业规范。

任务描述

排查汽车发动机维修场地、工具、设备、设施的安全隐患,使其满足安全生产的要求。

一、相关知识

1. 安全生产

安全生产是指在企业生产经营活动中,不发生工伤事故、职业病、设备或财产损失,即人不受伤，财产没损失。安全生产是人和企业生存发展的基本前提，关系着家庭幸福、企业可持续发展及社会和谐，影响社会改革发展、稳定的大局和经济建设的健康发展，是一切工作的重要保证。一旦发生安全生产事故，很可能会造成人、财、物损失，给个人、家庭、企业及社会造成伤害。

安全生产事故主要分为人为因素造成的事故和自然因素造成的事故两大类，如图1-1所示。

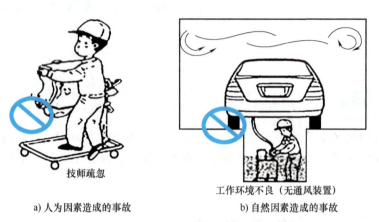

图1-1 安全生产事故的分类

人为因素造成的事故是指由于人不正确使用机器或工具，没按安全操作规程作业，穿着不合适的衣服，或者不小心造成的事故。

自然因素造成的事故是指由于机器或工具出现故障，缺少完整的安全装置，或者工作环境不良造成的事故。

为了确保作业安全，避免事故发生，汽车维修企业通常对汽车维修人员的着装有严格的要求，如要求穿干净的工作服、工作鞋，戴工作帽等，如图1-2所示。

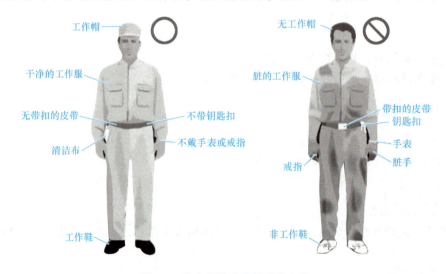

图1-2 汽车维修人员的着装要求

为防止事故的发生，工作服必须结实、合身，以便于工作。为防止工作时损坏汽车，不要暴露工作服的带子、扣、纽扣；为了防止自身受伤或被烧伤，不要裸露皮肤。

工作时要穿工作鞋。穿凉鞋或运动鞋十分危险，容易摔倒且会降低工作效率，还可能使穿戴者因为偶然掉落的物体而受到伤害。

提升重的物体或拆卸热的排气管或类似的物体时，建议戴上工作手套。然而，对于普通的维护工作，戴工作手套并非必需的要求。总之，是否需要戴工作手套，应根据所做工作的类型来决定。

工作时不要穿有宽松袖口的衣服，不要佩戴项链，不要佩戴手镯，不要佩戴戒指，不要穿喇叭裤，不要穿凉鞋或运动鞋等非工作鞋，不要穿紧身裙，不要解开领带，不要披散长发（应卷起长发戴工作帽）。

> **忠告**
>
> ◎ 工作前应摘下珠宝首饰。
> ◎ 工作时可戴"夹式"领带。
> ◎ 工作时应穿经过批准的工作服、工作裤等。
> ◎ 工作时应穿带有防压铁头的工作鞋。
> ◎ 工作时应束紧长发。
> ◎ 工作需要时，可使用正确的眼/手/耳防护装置。
> ◎ 工作时准备工作不要仓促，给自己留有充足的准备时间，以保证安全。

> ⚠ **提示**
>
> 安全规章可能因地域不同而不同，并且可能超越以前的基本规定。

2. 维修车间的安全管理

许多工伤事故都是由违章操作、场地杂乱无章引起的。在凌乱的场所中工作，常常会发生绊倒、跌倒或滑倒而导致事故，如图1-3所示。我们有责任安全、妥善地保管、整理所有的设备、部件和汽车，以保护我们自己和工友不受伤害。

1）在车间内始终要注意以下几点：

① 始终使你的工作场地保持干净，以保护你自己和其他人免受伤害。

图1-3 凌乱的工作场地可能导致事故

② 不要把工具或零件留在你或者其他人有可能踩到的地方，应将其放置在工作架或工作台上，并养成好习惯。

③ 立即清理干净任何飞溅的燃油、机油或者润滑脂，防止自己或者他人滑倒。

④ 工作时不要采取不舒服的姿态。这不仅会影响你的工作效率，而且有可能会使你跌倒和伤害到自己。

⑤ 处理沉重的物体时要极度小心，因为如果它们跌落到你的脚上，你可能会受伤。记住，如果你试图举起一个对你来说太重的物体，你的背部可能会受伤。

⑥ 从一个工作地点转移到另外一个工作地点时,一定要走指定的通道。

⑦ 不要在开关、配电盘或电机等附近使用可燃物,因为它们容易产生火花,可能会造成火灾。

2)如图 1-4 所示,在车间内使用工具时,应遵守如下的预防措施来防止发生伤害:

图 1-4 安全隐患及其排除示意图

① 如果不正确地使用电气、液压和气动设备,可能导致严重的伤害。

② 使用产生碎片的工具前,应戴好护目镜。

③ 使用过砂光机和钻孔机一类的工具后,要清除其上的粉尘和碎片。

④ 操作旋转的工具或者工作在一个有机械在旋转运动的地方时,不要戴手套,因为手套可能会被旋转的物体卷入,伤到你的手。

⑤ 用举升机举升车辆时,初步举升到轮胎稍微离开地面时停止。然后,在完全升起之前,确认车辆牢固地支承在举升机上。升起后,千万不要试图摇晃车辆,因为这样可能导致车辆跌落,造成严重伤害。

3)注意防火。车间内严禁吸烟,除非在吸烟室,否则不要吸烟,离开吸烟室要确认将香烟熄灭在烟灰缸里,如图 1-5 所示。如果火灾警报响起,所有人员应当配合扑灭火焰。所有人员应知道灭火器放在何处及如何使用。

4)防止火灾和事故。如图 1-6 所示,为了防止火灾和事故,在易燃品附近应采取如下预防措施:

图 1-5 在吸烟室吸烟

① 浸满汽油或机油的碎布有时可能自燃,所以它们应当被放置到带盖的金属容器内。

② 在机油存储地或可燃的零件清洗剂附近,不要使用明火。

图 1-6　安全注意事项

③ 千万不要在处于充电状态的蓄电池附近使用明火或产生火花,因为充电时蓄电池会产生可以点燃的爆炸性气体。

④ 仅在必要时才将燃油或清洗溶剂携带到车间,携带时还要使用能够密封的特制容器。

⑤ 不要将可燃的废机油和汽油排入地沟内,因为它们可能导致污水管系统产生火灾。所以,应将这些材料倒入合适的容器内。

⑥ 在燃油泄漏的车辆没有修好之前,不要起动发动机。修理燃油供给系统时,应从蓄电池上断开负极电缆,以防止发动机被意外起动。

5) 不正确地使用电气设备可能导致短路和火灾,如图 1-7 所示。因此,要学会正确使用电气设备并认真遵守以下防护措施:

① 如果发现电气设备有任何异常,应立即断开电源,并联系管理员/领班。

② 如果电路中发生短路或意外火灾,在进行灭火前应首先断开电源。

③ 向管理员/领班报告不正确的布线和电气设备安装。

④ 有任何熔丝熔断都要向上级汇报,因为熔丝熔断说明线路中存在某种电气故障。

⑤ 千万不要尝试以下行为(见图 1-8)因为这样非常危险:

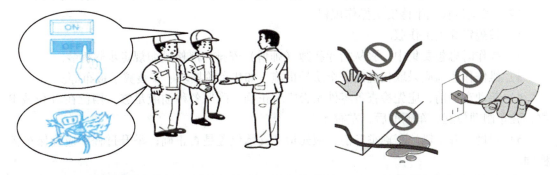

图 1-7　不正确地使用电气设备导致短路和火灾　　　　图 1-8　禁止行为

- 不要靠近断裂或摇晃的电线。
- 为防止电击,千万不要用湿手接触任何电气设备。
- 千万不要触摸标有"发生故障"的开关。

▶ 拔下插头时,不要拉电线,而应当拉插头本身。
  ▶ 不要让电缆通过潮湿或浸有油的地方,以及炽热的表面或尖角附近。
  ▶ 在开关、配电盘或电动机等附近不要使用或放置易燃物,因为它们容易产生火花。

6)技术员要定期交流在日常工作中经历的险情,陈述这些险情是如何发生的,这样可以防止别人重蹈覆辙。然后,分析导致这些危险情况的因素,并采取适当措施来创造一个更安全的工作环境。如果你遇到表 1-1 中所列的险情之一时,必须采取以下措施。

表 1-1 险情案例

序号	设备、工具、部件等出现的情况
1	脱开或将要脱开
2	撞上或将要撞上
3	夹住或将要夹住
4	卡住或将要卡住
5	跌倒或将要跌倒
6	提升工具断裂或将要断裂
7	被电击或将要被电击
8	起火或将要起火
9	爆炸或将要爆炸
10	其他情形

① 首先,将情况汇报给管理员/领班。
② 记录事情发生的经过。
③ 让每个人慎重对待这个问题。
④ 让每个人考虑应当采取的对策。
⑤ 记录以上的一切,并将清单放置在每个人都能够看到的地方。

3. 汽车维修安全注意事项

(1)作业须知 要始终注重安全,防止伤害发生,防止事故伤害到自己或者周围的人。

(2)发动机检测维修安全操作规程

1)按规定穿上工作服。
2)操作时思想要集中,服从指导教师(师傅)安排,严格遵循规定步骤拆装。
3)维修作业前应采取相应的安全防护措施,如垫车轮挡块、安装翼子板布等。
4)起动车辆前,应先检查各零件是否安装正确,确保各种油液足够,档位在 N 位或 P 位,驻车制动拉起,车辆前后、左右无人。
5)正确举升车辆。车辆举升前,应先检查支承位置是否正确;举升过程中应确保车辆稳固。
6)正确使用工具和量具,并注意妥善保管,不得以其他工具代替专用工具。
7)拆装零部件时必须注意规范操作,以免发生事故。
8)对各调整部件要清点放好并做好记号,不能任意换位、丢失或搞错。
9)对于有预紧力规定的螺栓、螺母,要按正确的操作顺序和方法进行紧固。
10)拆下的零件应整齐有序摆放。

11）实习完毕后，应清洁工具，按要求放回原处，并打扫干净实习场地。

12）进入汽车维修场地后，应服从安排，未经师傅（教师）批准，不得随便操作、动用各项设备。

13）不准赤脚或穿拖鞋、高跟鞋和裙子进行作业，留长发者要戴工作帽。

14）作业时要集中精神，不准说笑、打闹。

15）工作场所、车辆旁、工作台、通道应保持干净、整洁，做到"三不落地"，即拆卸的零部件不落地，工具量具不落地，油污、物料不落地。

16）在地面指挥车辆行驶移位时，不得站在车辆正前方与正后方，并注意躲避障碍物。

4. 工作场地"5S"管理

如何确保汽车维修的质量？保持工作场地整洁有序是重要的一环。"5S"是保持车间环境整洁有序，实现轻松、快捷和可靠（安全）工作的关键。"5S"具体是指 Seiri、Seiton、Seiso、Seiketsu、Shitsuke，如图1-9所示。工作现场实行"5S"管理，是当今汽车行业普遍的做法。

（1）Seiri（整理）（见图1-10）　这是一个确定某种物品是否需要的过程，不需要的物品应立即丢弃，以便有效利用空间。按照必要性组织和利用所有的资源，不管它们是工具、零件还是信息。在工作场地中指定一处地方来放置所有的物品，收集其中不必要的东西，然后丢弃。小心存放物品很重要，同样，丢弃不必要的物品也很重要。

图1-9　"5S"示意图

图1-10　整理

（2）Seiton（整顿）（见图1-11）　这是一个整理工具和零件的过程，目的是为了方便使用。将很少使用的物品放在单独的地方，将偶尔使用的物品放在工作场地，将常用的物品放在身边，这样可以提高工作效率。

（3）Seiso（清扫）（见图1-12）　这是一个使工作场地内所有物品保持干净的过程。永远使设备处于完全正常的状态，以便随时可以使用。一个肮脏的工作环境是工作人员缺少自律的反映，要养成保持工作场地清洁的好习惯。

（4）Seiketsu（清洁）（见图1-13）　这是一个努力保持整理、整顿和清扫状态的过程，目的是防止任何可能问题的发生。这也是一个通过对各种物品进行分类，清除不必要的物品，使工作场所保持干净的过程。任何因素都有助于使工作环境保持清洁，如颜色、形状、各种物品的布局、照明、通风、陈列以及个人卫生。如果工作环境变得清新明亮，能够给顾客营造良好的氛围。

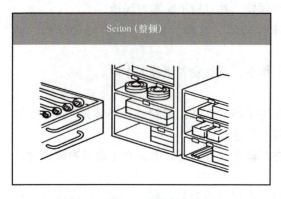

图 1-11　整顿

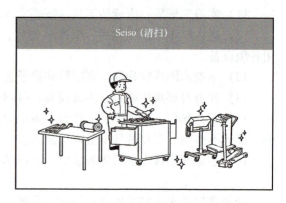

图 1-12　清扫

（5）Shitsuke（自律）（见图 1-14）　这是一个包括广泛培训在内的，使员工成为自豪的企业员工的过程。自律是形成企业文化的基础，也是确保企业与社会协调一致的最起码的要求。自律包括规章制度方面的培训，通过这些培训，学员真正成为企业的员工，他们会尊重他人，使他人感到舒心，而去做这些并非刻意为之，只是出于习惯。

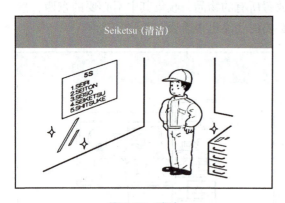

图 1-13　清洁

图 1-14　自律

5. 技术员十大工作原则

技术员更好工作的十大原则是职业化的形象、爱护车辆、工作场地整洁有序、安全生产、计划和准备、快速可靠地工作、按时完成、工作完成后要检查、保存旧零件、后继工作。每天都将它们应用到实际工作中，会有助于技术员更加快速而可靠地进行维修。

1）职业化的形象。穿干净的制服，一直穿工作鞋，如图 1-15 所示。

2）爱护车辆。维修作业时要使用坐垫、翼子板布、前格栅布、车轮挡块、方向盘套和脚垫，如图 1-16 所示。小心驾

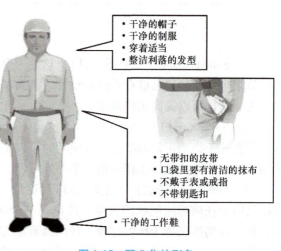

图 1-15　职业化的形象

驶客户的车辆，不在客户车内抽烟，切勿使用客户车内的音响设备或电话，切记拿走留在车上的垃圾和零件箱。

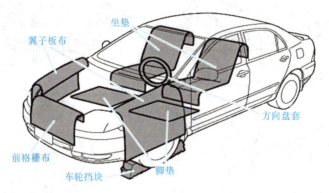

图 1-16　安装车辆防护用品

3）工作场地整洁有序（见图 1-17）。要保持车间（地面、工具台、工作台、仪表、测试仪等）整洁有序，须做到：拿开不必要的物件；保持零部件和材料整齐有序；打扫工作场地卫生，清洗和擦净工具；汽车停正后方可维修。

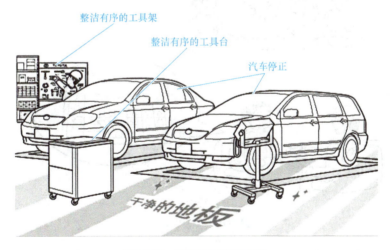

图 1-17　工作场地整洁有序

4）安全生产。遵守安全操作规程，正确地使用工具和其他设备（如汽车举升机、千斤顶、研磨机等），小心着火，工作时切勿吸烟，切勿搬运太重的物件，如图 1-18 所示。

5）计划和准备（见图 1-19）。接到任务单时要确认"主要项目"（客户进行维修的主要原因）；确认你已了解客户的要求及服务顾问的指示；若出现返工的情况，要特别注意沟通；如果除了规定的工作外还有其他工作，请及时报告给服务顾问；只有在得到客户的同意后方可进行维修；为你的工作作好计划（工作程序和准备）；确认库存有所需零部件；根据维修单工作，避免出错。

6）快速可靠地工作（见图 1-20）。优先使用正确的专用维修工具和测试仪；根据维修手册、电子线路图和诊断手册进行工作，以避免主观猜测；了解最新技术信息，例如技术服务简报上的内容；如果有事情不清楚，请询问服务顾问或者管理员/领班；如果发现车辆还

图 1-18 安全生产

图 1-19 计划和准备

有不包括在维修条款内的其他地方需要维修,请向服务顾问或者管理员/领班汇报。尽可能运用所学技能,不要违规操作。

7) 按时完成工作。如果能按时完成该工作,请不时地再检查一下;如果认为将会推后(或者提前)完成任务,或者需要做其他工作,请通知服务顾问或管理员/领班。

8) 工作完成后要检查(见图 1-21)。确认主要项目已完成;确认已完成所有其他需要做的工作;确认车辆至少和刚接手时同样清洁;将驾驶座、方向盘和反光镜返回到最初位置;如果钟表、收音机等的存储被删除,请重新设置。

9) 保存旧零件。将旧零件放在塑料袋或者空零件袋中,或者将旧零件放在预定的地方(例如放在前排乘客座椅前面的地板上)。

10) 后继工作。填写维修单和维修报告(例如写下故障原因、更换的零件、更换原因、劳动时长等);未列在维修单上的任何其他信息,必须通知管理员/领班或者服务顾问;在工作中注意到任何异常情况,请告知服务顾问或管理员/领班。

图 1-20　快速可靠地工作

图 1-21　完成工作后要检查

二、数字教学资源

请扫描下方二维码观看。

发动机检测与维修安全防控　　汽油发动机工作原理（四冲程）　　发动机气缸压力检测

三、任务实施

根据本班级学生人数进行分组，每组选出一名负责人，负责人对本小组任务所涉及车辆维修车间安全隐患的排查等任务要点进行分配。组员根据任务相关知识、维修手册、数字教学资源，按个人职责要求完成相关任务内容，并填写表1-2。

表1-2 车辆维修车间安全隐患的排查学习工作页

车间信息		
领导指示描述	消防设施安全隐患排查 □ 工具、设备、设施安全隐患排查 □ 人员安全隐患排查 □ 其他：	
工作任务	车辆维修车间安全隐患的排查	
排查情况		
处理意见		
小组职责分工		
姓名	职务	主要职责
	组长	
	安全员	
	质量员	
	监督员	
	工具管理员	
	操作员	
	检查员	
	记录员	
作业计划		
序号	安全隐患排查项目	安全隐患排查要点及要求

（续）

		实施情况		
序号	安全隐患排查项目	主要技术参数记录	排查方法是否合理	排查结果

改进建议：

		检查		
序号	检查项目	技术要求	自检结果	互检结果	终检结果

四、评价与反思（见表1-3）

表1-3　评价与反思

序号	项目	自评	互评	终评
1	课前学习情况（10分）			
2	理论知识掌握情况（10分）			
3	个人职责履行情况（10分）			
4	作业计划制订完成情况（10分）			
5	任务实施情况（10分）			
6	任务检查情况（10分）			
7	安全防控情况（10分）			

（续）

序号	项目	自评	互评	终评
8	工作素养（5S）（10分）			
9	团队合作情况（10分）			
10	沟通协调能力（10分）			

总结反思：

任务2　发动机气缸压力的检测

 知识目标

1. 能描述汽车发动机的基本结构和工作原理。
2. 能描述发动机常见术语的定义。
3. 能描述发动机的总体构造及其功能。
4. 能描述气缸压力检测的目的。

 技能目标

1. 会选用相关设备检测发动机的故障信息。
2. 会利用相关资料制订发动机性能检测方案。
3. 会检测发动机气缸压力。

 社会能力目标

1. 具有一定的沟通表达能力。
2. 具有一定的问题分析能力。

 任务描述

检测气缸压力是诊断发动机机械故障、评价发动机性能、判断发动机是否需大修的重要手段。本任务利用气缸压力表规范检测发动机气缸压力，为发动机故障诊断维修、二手车评估提供技术参数依据。

一、相关知识

1. 发动机的功能及总体构造

发动机是燃油车辆的动力源。汽车发动机是多机构和多系统组成的复杂机器，其结构形式多种多样，具体结构不尽相同，但因其基本工作原理相同，所以其基本结构大同小异。往复活塞式发动机通常由曲柄连杆机构、配气机构、燃料供给系统、冷却系统、润滑系统、起动系统和点火系统（仅限汽油机）组成，如图 1-22 所示。

（1）曲柄连杆机构　曲柄连杆机构由机体、活塞连杆组和曲轴飞轮组三部分组成，其作用是将燃料燃烧所产生的热能，经由活塞的直线往复运动转变为曲轴的旋转运动而对外输出动力。机体是发动机各个机构、各个系统和其他部件的安装基础，并且机体的许多部分还是配气机构、燃料供给系统、冷却系统和润滑系统的组成部分。

（2）配气机构　配气机构的作用是按照发动机各缸工作顺序和工作循环的要求，定时地将各缸进、排气门打开或关闭，以便发动机进行换气。配气机构由气门组和气门传动组两部分组成。

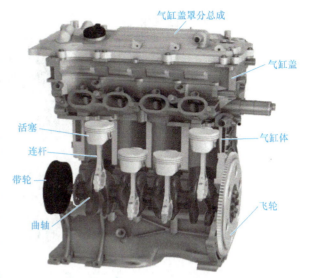

图 1-22　往复活塞式发动机的结构

（3）燃料供给系统　汽油机的燃料供给系统和柴油机的燃料供给系统由于供油系统和燃烧过程不同，在结构上有很大区别。汽油机的燃料供给系统又分为化油器式和燃油直接喷射式两种。通常所用的燃油直接喷射式燃料供给系统由燃油箱、电动汽油泵、汽油滤清器、燃油分配管、回油管、油压调节器、喷油器、进排气歧管和排气消声器等组成，其作用是根据发动机不同工况的要求，配制一定数量和浓度的可燃混合气供入气缸，并在燃烧做功后将燃烧后的废气排出。

柴油机的燃料供给系统由燃油箱、输油泵、喷油泵、柴油滤清器、进排气歧管和排气消声器等组成，其作用是向气缸内供给纯空气并在规定时刻向缸内喷入定量柴油，以调节发动机输出功率和转速，最后，将燃烧后的废气排出气缸。

（4）冷却系统　冷却系统有水冷式和风冷式两种，现代汽车一般都采用水冷式。水冷式冷却系统由冷却液泵、散热器风扇、分水管、节温器和水套（在机体内）等组成，其作用是利用冷却液冷却高温零件，并通过散热器将热量散发到大气中去，从而保证发动机在正常温度状态下工作。

（5）润滑系统　润滑系统由机油泵、限压阀、机油集滤器、机油滤清器、油底壳等组成，其作用是将润滑油分送至各个摩擦零件的摩擦面，以减小摩擦力，减缓机件磨损，并清洗、冷却摩擦表面，从而延长发动机使用寿命。

（6）起动系统　起动系统由起动机和起动继电器等组成，其作用是带动飞轮旋转以获得必要的动能和起动转速，使静止的发动机起动并转入运转状态。

（7）点火系统　汽油机的点火系统由电源（蓄电池和发电机）、点火线圈、分电器和火花塞等组成，其作用是在一定时刻向气缸内提供电火花以点燃缸内可燃混合气。

2. 往复活塞式发动机的基本术语

（1）上止点　上止点是指离曲轴旋转中心线最远的活塞止点，如图 1-23 所示。

（2）下止点　上止点是指离曲轴旋转中心线最近的活塞止点，如图 1-23 所示。

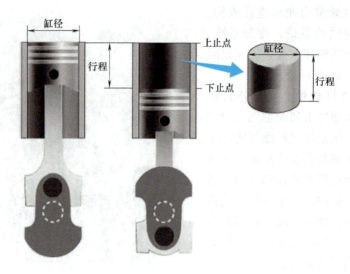

图 1-23　发动机基本术语示意图

（3）缸径　发动机的工作气缸呈圆柱形，缸径是指工作气缸的公称内径。

（4）行程　行程是指活塞从一个止点运动到另一个止点所经过的公称距离。

（5）气缸工作容积　气缸工作容积又称活塞排量，是指上止点至下止点之间的空间容积，如图 1-24 所示。其计算公式为

$$V_h = \frac{\pi D^2}{4 \times 10^6} S \tag{1-1}$$

式中　V_h——气缸工作容积，单位为 L；

　　　D——气缸直径，单位为 mm；

　　　S——活塞行程，单位为 mm。

（6）发动机排量　发动机排量是指发动机所有气缸工作容积之和，其大小由缸径和行程决定，等于气缸工作容积乘上气缸数。通常，发动机排量越大，发动机的功率就越大。

（7）燃烧室容积　活塞处于上止点时，活塞顶面与气缸盖之间的容积称为燃烧室容积，如图 1-24 所示。

（8）压缩比　压缩比是指气缸内的空气燃油混合气被压缩的比率，其计算公式为

$$\varepsilon = \frac{V_a}{V_c} = \frac{V_h + V_c}{V_c} = 1 + \frac{V_h}{V_c} \tag{1-2}$$

式中　ε——压缩比；

　　　V_a——气缸总容积；

　　　V_c——燃烧室容积；

　　　V_h——气缸工作容积。

当前多数发动机中，汽油发动机的压缩比为 8~11，柴油发动机的压缩比为 16~24。

3. 往复活塞式发动机的基本工作原理

往复活塞式发动机工作时，气缸吸入空气燃油混合气，并进行压缩、点火和燃烧，然后排气。为了产生持续不断的动力，将热能转换成机械能，发动机需要不断地完成进气行程、压缩行程、做功行程、排气行程的工作循环，如图 1-25 所示。

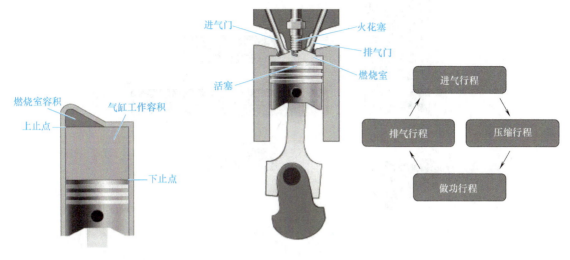

图 1-24 气缸工作容积与燃烧室容积示意图

图 1-25 发动机的工作循环

(1) 进气行程　曲轴旋转，带动活塞从上止点向下止点运动，此时，进气门打开，排气门关闭。活塞向下运动时，气缸内形成一定的真空度，空气燃油混合气进入气缸，如图 1-26 所示。

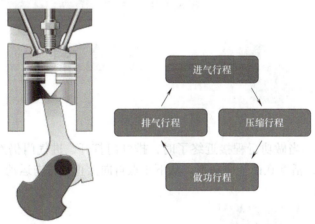

图 1-26 进气行程

(2) 压缩行程　如图 1-27 所示，进气行程结束时，进气门、排气门关闭，活塞在曲轴带动下，从下止点往上止点方向运动，气缸内容积逐渐减小，可燃混合气被高度压缩，活塞到达上止点时，压缩行程结束。如果发动机密封性良好，则压缩比越大，压缩终了时气缸内压力越高。

(3) 做功行程　压缩行程即将结束时，进气门和排气门仍处于关闭状态。若是柴油发动机，此时气缸内的温度远高于柴油的自燃温度（约 500K），柴油混合气便立即自行着火燃烧；汽油发动机，此时火花塞产生电火花点燃混合气，混合气迅速燃烧。混合气燃烧使气缸内产生高温高压的气体，推动活塞向下运动，至活塞到下止点时结束，从而促使曲轴旋转，如图 1-28 所示。

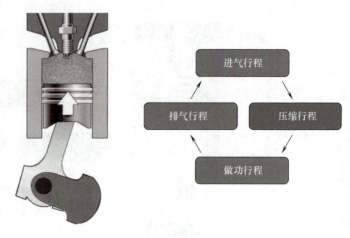

图 1-27　压缩行程

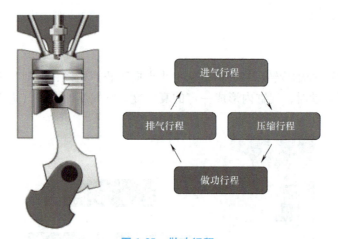

图 1-28　做功行程

（4）排气行程　当做功行程接近终了时，排气门打开，进气门仍然关闭，靠废气的压力先进行自由排气，活塞在曲轴驱动下，从下止点再向上止点方向运动，继续把废气强制排出，如图 1-29 所示。

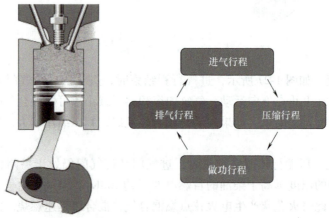

图 1-29　排气行程

4. 气缸压力检测的要点

气缸压力是发动机性能的一项重要表征，检测气缸压力是评价发动机性能、诊断发动机故障的一种主要方法。气缸压力检测应按照一定的规范进行，否则检测出的气缸压力不能表征发动机的实际性能，或者损坏发动机。因此，检测气缸压力时应注意以下要点：

1）发动机应达到正常工作温度。
2）蓄电池电量应充足。
3）起动机运转应正常。
4）检测前应拆下空气滤清器。
5）检测前应拆除所有火花塞。
6）检测时节气门应处于全开位置。
7）拆卸火花塞前，应先清洁火花塞孔周围杂质。
8）安装火花塞时，应使用火花塞安装专用工具，将火花塞轻放入座孔，以防损坏火花塞。
9）拧紧火花塞时，先用手对正螺纹孔预拧紧，以防损坏螺纹丝牙。

二、数字教学资源

请扫描下方二维码观看。

发动机气缸压力检测　　　发动机类型及功用　　　发动机基本工作原理

三、任务实施

根据本班级学生人数、实训设备台架数进行分组，每组选出一名负责人，负责人对本小组任务所涉及的操作要点、安全、质量、检查等任务要点进行分配。组员根据任务相关知识、维修手册、数字教学资源，按个人职责要求完成相关任务内容，并填写表1-4。

表1-4　发动机气缸压力的检测学习工作页

客服信息	姓名		联系电话	
车辆信息	车型	VIN 码		行驶里程
客户描述	车辆无法起动，不着车 ☐ 发动机起动困难 ☐ 车辆上坡时熄火 ☐ 其他：			

（续）

车辆外观检查		车辆内部检查	
凹凸	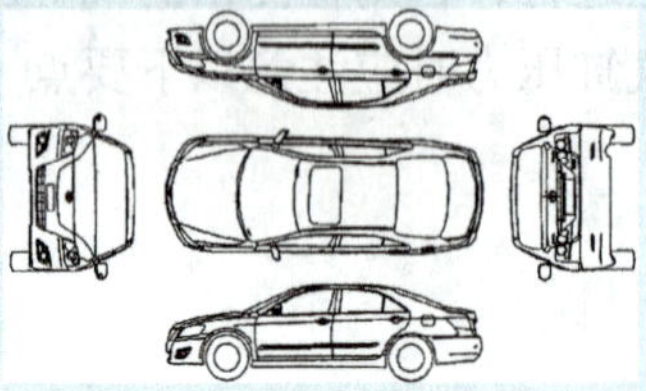	燃油量 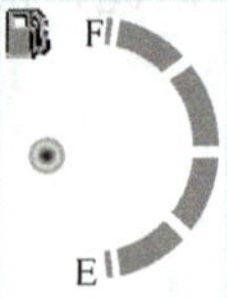	内饰 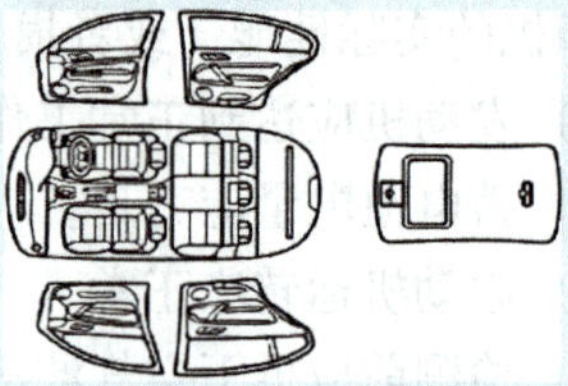
划痕			
石击			
工作任务	发动机气缸压力的检测		
检测数据			
处理意见			

小组职责分工

姓名	职务	主要职责
	组长	
	安全员	
	质量员	
	监督员	
	工具管理员	
	操作员	
	检查员	
	记录员	

作业计划

序号	作业项目	所需工具	安全注意要点	技术要求

（续）

实施情况						
序号	作业项目	主要技术参数记录	工具选用是否合理	操作是否安全	操作是否规范	作业顺序是否合理	是否符合技术要求

改进建议：

检查				
序号	检查项目	技术要求	自检结果	互检结果	终检结果

四、评价与反思（见表1-5）

表1-5 评价与反思

序 号	项 目	自评	互评	终评
1	课前学习情况（10分）			
2	理论知识掌握情况（10分）			
3	个人职责履行情况（10分）			
4	作业计划制订完成情况（10分）			
5	任务实施情况（10分）			
6	任务检查情况（10分）			
7	安全防控情况（10分）			
8	工作素养（5S）（10分）			
9	团队合作情况（10分）			
10	沟通协调能力（10分）			

总结反思：

任务 3　发动机性能评价

知识目标

能描述发动机主要性能指标的定义和作用。

技能目标

会利用相关资料及主要性能参数评价发动机性能。

社会能力目标

1. 善于学习，会举一反三。
2. 具有克服困难的能力。

任务描述

在现实生活中，我们经常需要评价发动机性能，例如购买二手车时、购买新车时、准备自驾长途旅游时、发动机出现异常状态时……本任务旨在通过介绍发动机性能相关评价指标的定义及作用，使大家会运用相关指标评价发动机性能。

一、相关知识

1. 发动机主要性能指标

在实际生产和使用中，评价发动机性能的指标主要有动力性指标、经济性指标、运转性能指标。

（1）动力性指标　动力性指标包括有效功率和有效转矩，用来衡量发动机动力性是否良好。

1）有效功率是指发动机在单位时间内对外输出的有效功，用 P_e 表示，单位为 kW。

2）有效转矩是指发动机对外输出的转矩，用 M_e 表示，单位为 N·m。

有效转矩与有效功率之间的关系为

$$M_e = \frac{60 \times 1000 P_e}{2\pi n} = \frac{9550 P_e}{n}$$

式中　n——发动机转速（r/min）。

（2）经济性指标　发动机经济性是否良好，主要用有效燃油消耗率和有效热效率进行评价。

1）有效燃油消耗率是指发动机以 1kW 的有效功率在 1h 内所消耗的燃油量。

2）有效热效率是指燃料燃烧所产生的热量转化为有效功的百分比，该百分比越高，发动机经济性越好。

（3）运转性能指标　发动机运转性能指标包括发动机的排放性能、噪声、起动性能。

1）排放性能是指发动机排放的尾气中所含有害物质量的多少，尾气中所含有害物的量越少，该发动机排放性能越好。汽车尾气中污染物主要有一氧化碳、碳氢化合物、氮氧化合物和微粒。发动机尾气中各污染物排放量应不高于国家相关标准。

2）噪声是指发动机运行时的机械噪声（如活塞敲缸异响、配气机构异响、正时带或齿轮异响等）、进排气噪声等。发动机运转性能越好，噪声越小。

3）起动性能是指各系统及部件工作正常时，发动机在各种气候条件下从静止状态到运转状态的容易程度。

2. 发动机功率

发动机功率是发动机在单位时间内产生功的数量，单位为kW。发动机功率是发动机转速与力矩的乘积。发动机高速运转时进气效率降低，导致曲轴转矩减小，因而发动机功率输出达一定峰值后会随转速升高而下降。处于峰值时的发动机功率称为发动机最大功率，如图1-30所示。

3. 发动机特性曲线

发动机特性曲线是展示发动机性能的一种方式，反映着发动机功率、转矩随转速变化而变化的关系，如图1-31所示。

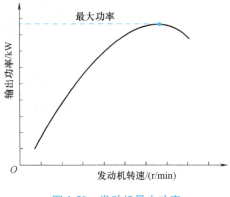

图1-30 发动机最大功率

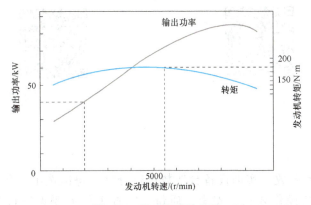

图1-31 发动机特性曲线

通俗地说，发动机特性曲线就是在加速踏板踩到底，发动机从怠速到最高转速期间，将输出功率和转矩的情况在外特性图上反映出来，以此来判断车辆能跑多快，是否有劲。

从图1-32可以看出，转速在1500r/min和4500r/min时，大众EA888的发动机转矩和功率分别达到最大值。发动机的转矩和功率是决定发动机性能的主要参数，转矩决定汽车的起步、爬坡、超车能力，而功率决定着最高的车速和车载质量。如图1-32所示，EA888发动机转速在1000r/min时，转矩达200N·m，转速在1500r/min时转矩达350N·m。发动机从最低转矩到最大转矩所耗的时间越短，说明该发动机加速能力越好。转矩曲线有一段"平顶"工况，整体形态近似梯形，此种图形表示发动机具有良好的低转速高转矩输出能力。因峰值转矩在中高速时持续输出，说明该发动机具备较好的超车加速性能。

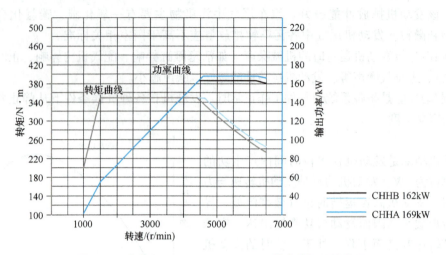

图1-32 大众EA888 CHHB、CHHA的发动机特性曲线

二、数字教学资源

请扫描下方二维码观看。

发动机性能评价　　　　　　　　点火系统工作原理

三、任务实施

根据本班级学生人数、实训设备台架数进行分组，每组选出一名负责人，负责人对本小组任务所涉及的操作要点、安全、质量、检查等任务要点进行分配。组员根据任务相关知识、维修手册、数字教学资源，按个人职责要求完成相关任务内容，并填写表1-6。

表1-6 发动机性能评价学习工作页

客服信息	姓名		联系电话	
车辆信息	车型	VIN码		行驶里程
客户描述	车辆无法起动，不着车 □ 发动机起动困难 □ 车辆上坡时熄火 □ 其他：			

（续）

车辆外观检查		车辆内部检查	
凹凸		燃油量	内饰
划痕			
石击			

工作任务	发动机性能评价
技术参数	
评价意见	

小组职责分工		
姓名	职务	主要职责
	组长	
	安全员	
	质量员	
	监督员	
	工具管理员	
	操作员	
	检查员	
	记录员	

作业计划				
序号	作业项目	所需工具	安全注意要点	技术要求

（续）

实施情况							
序号	作业项目	主要技术参数记录	工具选用是否合理	操作是否安全	操作是否规范	作业顺序是否合理	是否符合技术要求
改进建议：							

检查					
序号	检查项目	技术要求	自检结果	互检结果	终检结果

四、评价与反思（见表 1-7）

表 1-7 评价与反思

序 号	项 目	自 评	互 评	终 评
1	课前学习情况（10 分）			
2	理论知识掌握情况（10 分）			
3	个人职责履行情况（10 分）			
4	作业计划制订完成情况（10 分）			
5	任务实施情况（10 分）			
6	任务检查情况（10 分）			
7	安全防控情况（10 分）			
8	工作素养（5S）（10 分）			
9	团队合作情况（10 分）			
10	沟通协调能力（10 分）			
总结反思：				

项目 2

发动机的拆卸

任务导入

驾驶员反映车的发动机动力差，有异响，经检测，该车发动机气缸压力只有750kPa，如果你是汽车检测技师，请给出该车的检修方案。

任务1　发动机总成的拆卸

知识目标

1. 会查阅发动机总成拆卸方面的技术资料。
2. 能描述发动机总成的安装位置及与其他部件的连接关系。
3. 能描述发动机总成拆卸的注意要点、技术要求。
4. 能制订发动机总成拆卸作业实施方案。

技能目标

1. 会选择正确的工具、设备。
2. 按照相关规范进行发动机总成拆卸。

社会能力目标

1. 具有一定的沟通表达能力。
2. 具有一定的问题分析能力。

任务描述

在制订检修方案前，我们通常需要先分析该发动机的什么问题导致的这一故障现象。该车发动机动力差，有异响，气缸压力只有750KPa，而该车发动机气缸压力标准值为1373kPa，其气缸压力低于标准值623kPa，说明该发动机气缸密封性变差，发动机曲柄连杆机构磨损严重，需大修发动机。

一、相关知识

1. 发动机大修流程

发动机大修流程如图 2-1 所示。

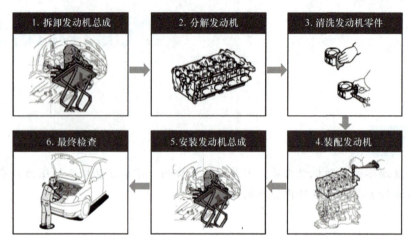

图 2-1 发动机大修流程

1) 从车上拆卸发动机总成。
2) 分解发动机，将发动机分解成气缸盖、气缸体等单个部件。
3) 对发动机零件进行清洗、清洁，并检测零部件。
4) 准备好检测合格的零部件和需更换的零部件，重新装配发动机。
5) 把装配好的发动机和传动桥作为一个整体安装回车上。
6) 发动机总成安装完毕后，进行一次最终检查，以确保安装后的发动机安全可靠。

2. 发动机总成的拆卸前准备和拆卸流程

（1）拆卸前准备

1) 作业前排查工作场所是否有安全隐患。拆卸发动机的工作场所必须干净整洁，如图 1-17 所示，以免滑倒摔伤，如果有液体或油脂洒在地上，必须将其清理干净。

2) 做好安全防护。拉驻车制动，放置车轮挡块，安装好前格栅布、翼子板布、坐垫、脚垫、方向盘套等，如图 2-2 所示，以保护车辆漆面，避免车辆被刮伤。

3) 查阅维修手册。查看发动机拆卸注意事项，确定拆解发动机所需的工具、设备和拆卸程序。

（2）发动机总成的拆卸流程（见图 2-3）

1) 对发动机系统的燃油进行卸压。
2) 断开蓄电池正负极供电导线。
3) 排放发动机冷却系统的冷却液。
4) 拆卸发动机燃油管路。
5) 拆卸空调压缩机等。
6) 拆卸排气管等。
7) 拆卸变速杆拉索。
8) 拆卸传动桥。

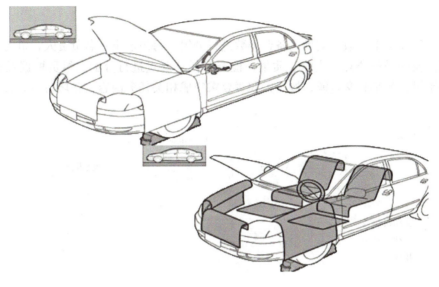

图 2-2 车辆安全防护

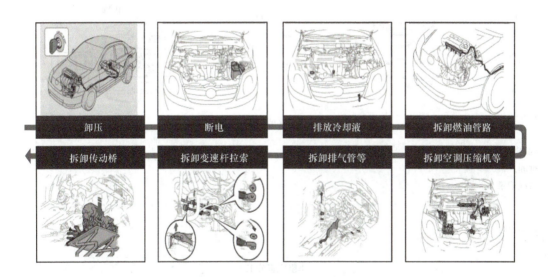

图 2-3 发动机总成的拆卸流程

二、数字教学资源

请扫描下方二维码观看。

发动机总成拆卸与安装

发动机总成拆卸

发动机总成安装

三、任务实施

根据本班级学生人数、实训设备台架数进行分组,每组选出一名负责人,负责人对本小组任务所涉及的操作要点、安全、质量、检查等任务要点进行分配。组员根据任务相关知识、维修手册、数字教学资源,按个人职责要求完成相关任务内容,并填写表2-1。

表 2-1 发动机总成的拆卸学习工作页

客服信息	姓名		联系电话	
车辆信息	车型	VIN码		行驶里程
客户描述	发动机动力差 □ 发动机异响 □ 其他:			
	车辆外观检查		车辆内部检查	
凹凸			燃油量	内饰
划痕				
石击				
工作任务		发动机总成的拆卸		
发动机总成拆卸异常情况记录				
处理意见				
小组职责分工				
姓名	职务	主要职责		
	组长			
	安全员			
	质量员			
	监督员			
	工具管理员			
	操作员			
	检查员			
	记录员			

（续）

作业计划				
序号	作业项目	所需工具	安全注意要点	技术要求

实施情况						
序号	作业项目	主要技术参数记录	工具选用是否合理	操作是否安全	操作是否规范	作业顺序是否合理	是否符合技术要求

改进建议：

检查				
序号	检查项目	技术要求	自检结果	互检结果	终检结果

四、评价与反思（见表 2-2）

表 2-2　评价与反思

序　号	项　目	自　评	互　评	终　评
1	课前学习情况（10 分）			
2	理论知识掌握情况（10 分）			
3	个人职责履行情况（10 分）			
4	作业计划制订完成情况（10 分）			
5	任务实施情况（10 分）			
6	任务检查情况（10 分）			
7	安全防控情况（10 分）			
8	工作素养（5S）（10 分）			
9	团队合作情况（10 分）			
10	沟通协调能力（10 分）			

总结反思：

任务 2　发动机外围件的拆卸

知识目标

1. 能描述发动机外围件的名称及安装位置、连接关系。
2. 能描述发动机外围件拆卸的注意事项、技术要求。
3. 能制订发动机外围件拆卸方案。

技能目标

会正确选用工具规范地进行外围件拆卸。

社会能力目标

1. 具有一定的沟通表达能力。
2. 具有一定的问题分析能力。

任务描述

当大修的发动机从车上拆下来后，需要将其进一步分解，直至分解成单个零部件，以方便进行下一步的清洁和检测。

一、相关知识

1. 拆卸软管

用管夹夹住软管，使其不会滑出。拆卸卡箍时要用合适的工具，以免造成损坏，如图2-4所示。安装软管或卡箍时，要将其安装在原位置。

1）使用手钳夹住卡箍卡爪，使它变宽。

2）从软管连接处滑动拆下卡箍。

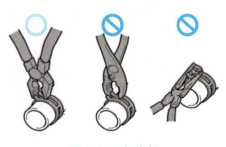

图2-4　拆卸卡箍

 提示

使用与卡箍卡爪宽度相匹配的工具，不能过分扩大卡箍，不能使卡箍卡爪变形。

2. 拆卸进、排气歧管（见图2-5）

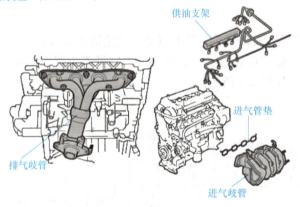

图2-5　拆卸进、排气歧管

3. 拆卸冷却液泵带轮

用专用工具拆卸冷却液泵带轮，如图2-6所示。

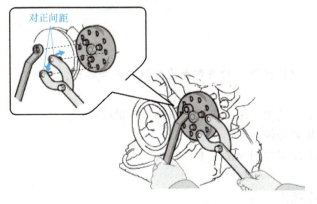

图2-6　拆卸冷却液泵带轮

1）对正SST卡爪和维修孔，调节间距，以便把SST安装到带轮上。

2）夹住SST，拆卸带轮固定螺栓。

4. 拆卸发动机固定支架（见图 2-7）

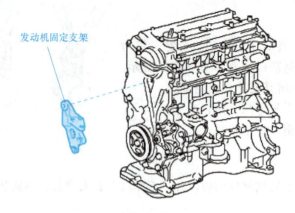

图 2-7 拆卸发动机固定支架

5. 拆卸曲轴带轮

1）使用专业工具拆卸曲轴带轮，其要点是：设定活塞位置。

将曲轴带轮的正时标记设置为"0"，将 1 号气缸设置为压缩 TDC（上止点），以便使凸轮轴和正时标记朝上，如图 2-8 所示。

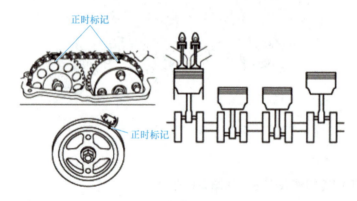

图 2-8 拆卸曲轴带轮

 提示

记录下该点，以便使随后的拆卸和重新组装更加容易。

2）如图 2-9 所示，使用专用工具拆卸曲轴带轮螺栓：
① 把 SST A 安装到带轮上。
② 用销子把 SST B 固定到 SST A 上。
③ 夹住 SST B。
④ 拆卸带轮固定螺栓。

 提示

部件不能只用 SST B 固定，还要把 SST A 加入到要固定的部件之间。

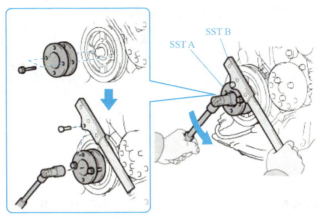

图 2-9　拆卸曲轴带轮螺栓

3）使用专业工具拆卸曲轴带轮，如图 2-10 所示，顺时针拧动拆卸器中间螺栓，即可推动凸轮轴，同时推掉带轮。

4）拆卸冷却液泵，如图 2-11 所示。

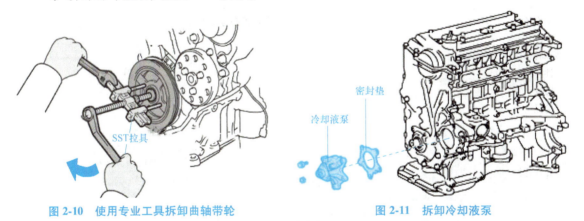

图 2-10　使用专业工具拆卸曲轴带轮　　　　图 2-11　拆卸冷却液泵

二、数字教学资源

请扫描下方二维码观看。

发动机外围件拆卸与安装

三、任务实施

根据本班级学生人数、实训设备台架数进行分组，每组选出一名负责人，负责人对本小组任务所涉及的操作要点、安全、质量、检查等任务要点进行分配。组员根据任务相关知识、维修手册、数字教学资源，按个人职责要求完成相关任务内容，并填写表 2-3。

表 2-3　发动机外围件的拆卸与安装学习工作页

客服信息	姓名		联系电话	
车辆信息	车型	VIN码	行驶里程	
客户描述	发动机动力差　□ 发动机异响　　□ 其他：			
安全隐患排查			工具设备、量具、物料准备清单	
消防安全设备设施　正常□　不正常□ 工作场地安全条件　正常□　不正常□ 工具设备安全状况　正常□　不正常□ 周围作业人员状况　正常□　不正常□				
工作任务		发动机外围件的拆卸与安装		
发动机外围件拆卸与安装异常情况记录				
处理意见				
小组职责分工				
姓名	职务	主要职责		
	组长			
	安全员			
	质量员			
	监督员			
	工具管理员			
	操作员			
	检查员			
	记录员			
作业计划				
序号	作业项目	所需工具	安全注意要点	技术要求

（续）

实施情况							
序号	作业项目	主要技术参数记录	工具选用是否合理	操作是否安全	操作是否规范	作业顺序是否合理	是否符合技术要求

改进建议：

检查					
序号	检查项目	技术要求	自检结果	互检结果	终检结果

四、评价与反思（见表2-4）

表2-4　评价与反思

序号	项目	自评	互评	终评
1	课前学习情况（10分）			
2	理论知识掌握情况（10分）			
3	个人职责履行情况（10分）			
4	作业计划制订完成情况（10分）			
5	任务实施情况（10分）			
6	任务检查情况（10分）			
7	安全防控情况（10分）			
8	工作素养（5S）（10分）			
9	团队合作情况（10分）			
10	沟通协调能力（10分）			

总结反思：

任务 3　气缸盖的拆卸

知识目标

1. 能描述气缸盖的类型及与其他部件的连接关系。
2. 能描述气缸盖拆卸的注意事项、技术规范。
3. 能制订发动机气缸盖拆卸方案。

技能目标

会正确选用工具规范地进行气缸盖拆卸。

社会能力目标

1. 具有一定的沟通表达能力。
2. 具有一定的问题分析能力。

任务描述

气缸盖是发动机的重要组成部分，其技术状态对发动机性能影响较大。气缸盖的拆卸是发动机检修中的常见项目。在学习发动机的拆卸前，我们先来认识什么是气缸盖。

一、相关知识

1. 气缸盖的功用、材质及工作条件

气缸盖如图 2-12 所示。

功用：气缸盖用来密封气缸上部，与活塞、气缸壁等共同构成燃烧室。

材质：一般由灰铸铁或合金铸铁、铝合金制成。

工作条件：由于气缸盖接触温度很高的燃烧气体，所以承受的热负荷很大。

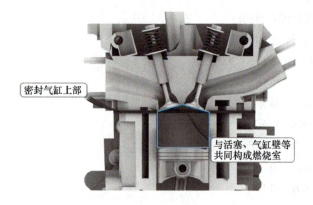

图 2-12　气缸盖

2. 气缸盖的组成

如图 2-13 所示,气缸盖上面是气缸盖罩、衬垫,下面是气缸垫(用来保证气缸盖与气缸体接触面的密封,防止漏气、漏水和漏油),且气缸盖上安装有火花塞。

图 2-13 气缸盖的组成

3. 气缸盖的结构形式

气缸盖按照结构形式分为整体式、分块式和单体式三种,如图 2-14 所示。在多缸发动机中,若全部气缸共用一个气缸盖,则为整体式气缸盖;若每两缸一盖或三缸一盖,则为分块式气缸盖;若每缸一盖,则为单体式气缸盖。风冷发动机均为单体式气缸盖。

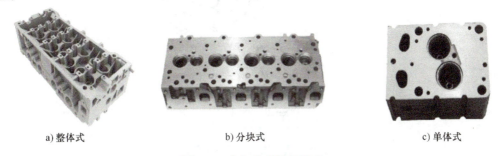

a) 整体式　　　　　　　b) 分块式　　　　　　　c) 单体式

图 2-14 气缸盖的结构形式

4. 气缸盖的拆卸流程

1) 拆卸气缸盖罩,如图 2-15 所示。
2) 拆卸正时链条盖,如图 2-16 所示。
3) 拆卸正时链条。如图 2-17 所示,注意链条与正时齿轮上的标记。
4) 拧松凸轮轴瓦盖螺栓。如图 2-18 所示,按顺序拧松凸轮轴瓦盖螺栓,防止凸轮轴变形。

图 2-15 拆卸气缸盖罩

5) 按由两端向中间、交叉对角的拆卸顺序分三次旋松气缸盖螺栓,如图 2-19 所示,然后抬下气缸盖。

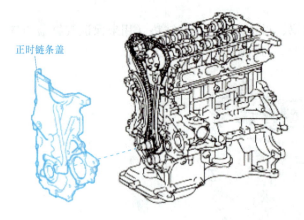
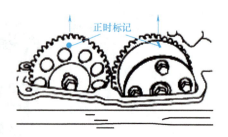

图 2-16　拆卸正时链条盖　　　　　图 2-17　正时标记

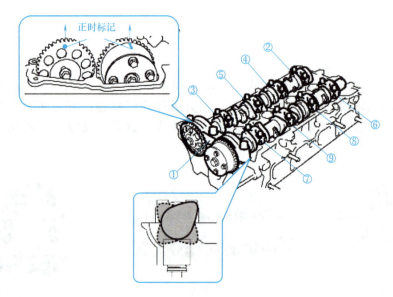

图 2-18　凸轮轴瓦盖螺栓拆卸顺序

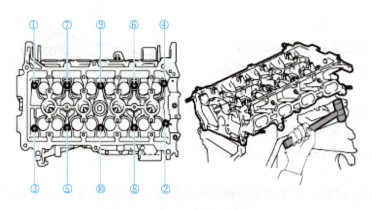

图 2-19　气缸盖螺栓拆卸顺序

6) 取下气缸垫，如图 2-20 所示。注意气缸垫的安装朝向。

气缸垫

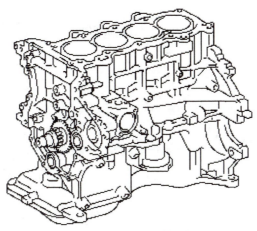

图 2-20　取下气缸垫

二、数字教学资源

请扫描下方二维码观看。

发动机气缸盖拆卸（微课）

发动机气缸盖拆卸（技能）

三、任务实施

根据本班级学生人数、实训设备台架数进行分组，每组选出一名负责人，负责人对本小组任务所涉及的操作要点、安全、质量、检查等任务要点进行分配。组员根据任务相关知识、维修手册、数字教学资源，按个人职责要求完成相关任务内容，并填写表 2-5。

表 2-5　气缸盖的拆卸学习工作页

客服信息	姓名		联系电话	
车辆信息	车型	VIN 码		行驶里程
客户描述	发动机动力差　□ 发动机异响　　□ 其他：			

(续)

安全隐患排查			工具设备、量具、物料准备清单
消防安全设备设施	正常□	不正常□	
工作场地安全条件	正常□	不正常□	
工具设备安全状况	正常□	不正常□	
周围作业人员状况	正常□	不正常□	

工作任务	气缸盖的拆卸
气缸盖拆卸异常情况记录	
处理意见	

小组职责分工		
姓名	职务	主要职责
	组长	
	安全员	
	质量员	
	监督员	
	工具管理员	
	操作员	
	检查员	
	记录员	

作业计划				
序号	作业项目	所需工具	安全注意要点	技术要求

（续）

实施情况							
序号	作业项目	主要技术参数记录	工具选用是否合理	操作是否安全	操作是否规范	作业顺序是否合理	是否符合技术要求

改进建议：

检查					
序号	检查项目	技术要求	自检结果	互检结果	终检结果

四、评价与反思（见表2-6）

表2-6　评价与反思

序号	项目	自评	互评	终评
1	课前学习情况（10分）			
2	理论知识掌握情况（10分）			
3	个人职责履行情况（10分）			
4	作业计划制订完成情况（10分）			
5	任务实施情况（10分）			
6	任务检查情况（10分）			
7	安全防控情况（10分）			
8	工作素养（5S）（10分）			
9	团队合作情况（10分）			
10	沟通协调能力（10分）			

总结反思：

 任务 4　　**活塞连杆组的拆卸与分解**

知识目标

1. 能描述活塞连杆组的部件及与其他部件的连接关系。
2. 能描述活塞连杆组拆卸的注意事项、技术规范。
3. 能制订活塞连杆组拆卸方案。

技能目标

会正确选用工具规范地进行活塞连杆组部件拆卸。

社会能力目标

1. 具有一定的沟通表达能力。
2. 具有一定的问题分析能力。

任务描述

活塞连杆组是曲柄连杆机构的重要组成部分。活塞与气缸盖、气缸壁等共同组成燃烧室，承受气缸中气体的压力，并将此压力通过活塞销和连杆传给曲轴。

一、相关知识

1. 活塞连杆组的组成

活塞连杆组主要由活塞、气环、油环、活塞销、连杆、连杆轴承等组成，如图 2-21 所示。

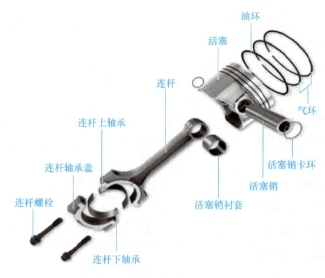

图 2-21　活塞连杆组的组成

活塞连杆组上部位于气缸孔内，下部与曲轴相连接，检测气缸孔、活塞连杆组、曲轴时，都需先拆卸活塞连杆组。

2. 活塞连杆组的拆卸流程

1）如图 2-22 所示，拆卸前，先用百分表检测连杆轴向间隙，初步判断连杆大头及曲轴连杆轴径磨损情况，如连杆轴向间隙超出规定值，应更换连杆或曲轴。

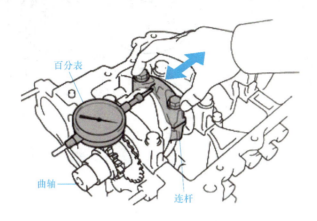

图 2-22　检测连杆轴向间隙

2）如图 2-23 所示，用塑料间隙规测量连杆轴承与曲轴连杆轴径之间的间隙，初步判断连杆轴承是否磨损严重，如间隙超出规定值，则应更换连杆轴承。

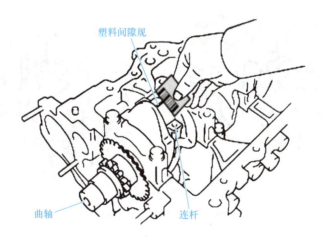

图 2-23　测量连杆轴承与曲轴连杆轴径之间的间隙

3）如图 2-24 所示，用倒角铰刀清除气缸孔上部的积炭。发动机工作一定时间后，气缸孔上部会产生积炭，积炭会阻碍我们拆卸活塞连杆组。

4）如图 2-25 所示，拆卸前，检查并确认连杆盖上的装配标记互相对准，以确保能正确地重新装配。

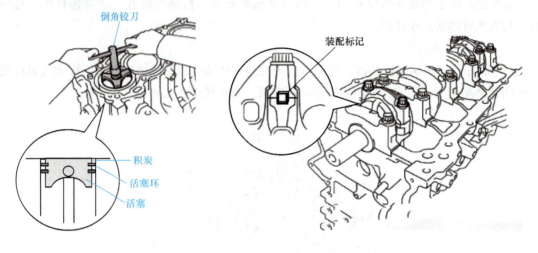

图 2-24　用倒角铰刀清除气缸孔上部的积炭　　图 2-25　连杆盖上的装配标记

 提示

　　各缸连杆不能互换，安装方向也不能更改，拆卸前应对各缸连杆及活塞做好标记。

5）如图 2-26 所示，确认好安装标记后，拆卸连杆螺栓，取下连杆轴承盖。

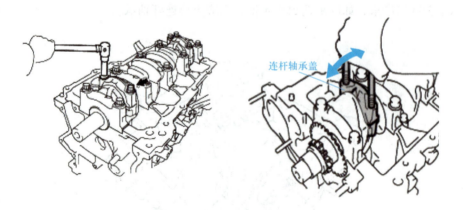

图 2-26　拆卸连杆螺栓

 提示

　　如果拆卸连杆轴承盖有困难，可以将两只已经被拆卸的螺栓放在螺栓孔内，并在拆卸连杆轴承盖时拧动螺栓。

　　6）使用锤柄轻轻敲打连杆，然后将活塞连同连杆一起拆下。
　　7）如图 2-27 所示，拆卸连杆轴承时，将一把一字螺钉旋具小心地插入连杆轴承盖的狭缝中，然后通过使用螺钉旋具将连杆轴承往外撬进行拆卸。

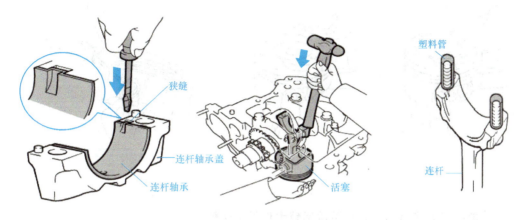

图 2-27 拆卸连杆轴承

> ⚠ 提示
>
> 注意敲击连杆时不要碰到气缸内壁,以免损坏气缸。如果连杆上有螺栓,在各螺栓上套上塑料管,以防损坏气缸内壁。

3. 活塞连杆组的分解

为了能更精准地检测活塞、连杆、活塞销,通常将活塞连杆组分解为单个部件。

1)如图 2-28 所示,使用一个活塞环扩张器,以活塞环平整地与扩张器的座面接触的方式,依次拆卸 1 号和 2 号活塞环。

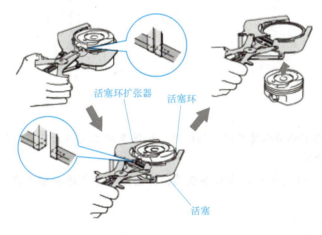

图 2-28 拆卸活塞环

> ⚠ 提示
>
> 活塞环扩张过度或者扭曲会损坏。

2)如图 2-29 所示,用手拆卸油环。
3)如图 2-30 所示,用小号一字螺钉旋具撬出活塞销卡环。

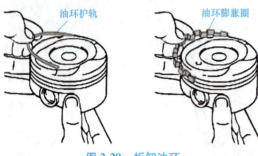
图 2-29 拆卸油环

图 2-30 拆卸活塞销卡环

> ⚠ 提示
>
> 应戴护目镜进行操作，以防活塞销卡环弹出伤眼。

4）如图 2-31 所示，将活塞直放在活塞销拆卸专用工具上，使用一个液压机将专用工具往里推并拆卸活塞销。

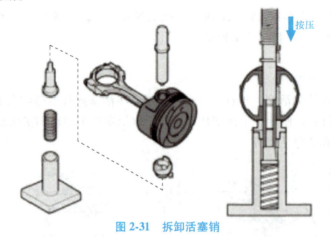

图 2-31 拆卸活塞销

> ⚠ 提示
>
> 专用工具与活塞销应保持在同一轴线上，如果专用工具与活塞不在同一轴线上，操作时便可能使活塞破裂。
>
> 活塞连杆组分解完成后，应有序摆放，并将连杆盖与连杆组合在一起，以防混乱。

二、数字教学资源

请扫描下方二维码观看。

发动机活塞连杆组的拆卸与分解

三、任务实施

根据本班级学生人数、实训设备台架数进行分组，每组选出一名负责人，负责人对本小组任务所涉及的操作要点、安全、质量、检查等任务要点进行分配。组员根据任务相关知识、维修手册、数字教学资源，按个人职责要求完成相关任务内容，并填写表2-7。

表2-7 活塞连杆组的拆卸与分解学习工作页

客服信息	姓名		联系电话	
车辆信息	车型	VIN码	行驶里程	
客户描述	发动机动力差 □ 发动机异响 □ 其他：			
	安全隐患排查		工具设备、量具、物料准备清单	
	消防安全设备设施 正常□ 不正常□ 工作场地安全条件 正常□ 不正常□ 工具设备安全状况 正常□ 不正常□ 周围作业人员状况 正常□ 不正常□			
工作任务	活塞连杆组的拆卸与分解			
活塞连杆组的拆卸与分解异常情况记录				
处理意见				
小组职责分工				
姓名	职务	主要职责		
	组长			
	安全员			
	质量员			
	监督员			
	工具管理员			
	操作员			
	检查员			
	记录员			
作业计划				
序号	作业项目	所需工具	安全注意要点	技术要求

（续）

实施情况							
序号	作业项目	主要技术参数记录	工具选用是否合理	操作是否安全	操作是否规范	作业顺序是否合理	是否符合技术要求

改进建议：

检查					
序号	检查项目	技术要求	自检结果	互检结果	终检结果

四、评价与反思（见表 2-8）

表 2-8　评价与反思

序　号	项　目	自　评	互　评	终　评
1	课前学习情况（10 分）			
2	理论知识掌握情况（10 分）			
3	个人职责履行情况（10 分）			
4	作业计划制订完成情况（10 分）			
5	任务实施情况（10 分）			

（续）

序　号	项　目	自　评	互　评	终　评
6	任务检查情况（10分）			
7	安全防控情况（10分）			
8	工作素养（5S）（10分）			
9	团队合作情况（10分）			
10	沟通协调能力（10分）			

总结反思：

任务5　曲轴飞轮组的拆卸

知识目标

1. 能描述曲轴飞轮组拆卸的注意事项、技术规范。
2. 能制订曲轴飞轮组拆卸方案。

技能目标

会正确选用工具规范地进行曲轴飞轮组部件拆卸。

社会能力目标

1. 具有一定的沟通表达能力。
2. 具有一定的问题分析能力。

任务描述

曲轴飞轮组是发动机的重要组成部分。它将活塞连杆组的往复直线运动转化为曲轴飞轮组的旋转运动，承受连杆传来的力，并由此产生绕自身轴线的旋转力矩，该力矩通过飞轮输送给底盘传动系统以驱动汽车行驶。曲轴还用来驱动其他机构等。

一、相关知识

曲轴飞轮组的拆卸流程如下：

1）如图2-32所示，拆卸前，先用百分表检测曲轴轴向间隙，初步判断曲轴止推轴承的磨损情况，如曲轴轴向间隙超出规定值，则应更换止推轴承。

2）如图2-33所示，使用专用工具阻止飞轮旋转，然后用扭力扳手拧松飞轮固定螺栓，进行飞轮拆卸。

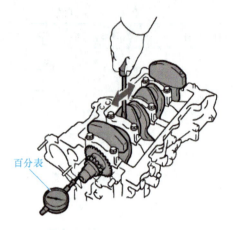

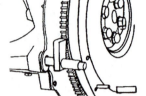

百分表

图 2-32 检测曲轴轴向间隙　　　　　图 2-33 拆卸飞轮

 提示

　　拧松最后一颗飞轮螺栓时，应用工具或请人帮忙固定飞轮，以防飞轮突然掉下砸伤及自己和他人。

3）拆卸曲轴主轴承盖。
① 如图 2-34 所示，按照由外及内的顺序拆卸曲轴主轴承盖螺栓。

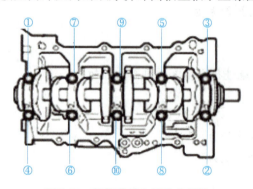

图 2-34 拆卸曲轴主轴承盖螺栓

 提示

　　如果轴承盖不能轻易被拆卸，可以在螺栓孔上插入两只已经被拆卸的螺栓，并且在拆卸轴承盖时拧动螺栓。拆卸曲轴主轴承盖前，先确认主轴承盖的安装位置和安装方向。拧松螺栓的顺序须按照规定进行。

② 如图 2-35 所示，用 2 个已拆下的主轴承盖螺栓拆下 5 个主轴承盖和 5 个下轴承。

 提示

　　各主轴承盖不能互换，安装方向也不能更改，拆卸后应有序摆放，以防混乱。

③ 如图 2-36 所示，取下止推片。

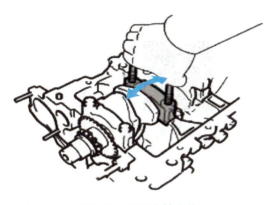
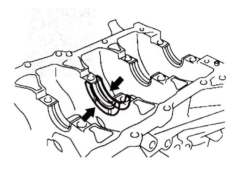

图 2-35　取下主轴承盖　　　　　　　　　图 2-36　取下止推片

4) 如图 2-37 所示，拆卸曲轴主轴承。将一把一字螺钉旋具小心地插入轴承盖的狭缝中，然后通过使用螺钉旋具将轴承往外撬进行拆卸。

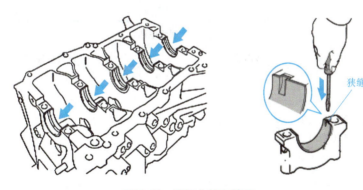

图 2-37　拆卸曲轴主轴承

⚠ 提示

　　拆卸的曲轴如果需要长时间摆放，应垂直摆放，如图 2-38 所示，不要平放，因为平放时间过长，曲轴可能会产生弯曲变形。

图 2-38　曲轴的摆放

二、数字教学资源

请扫描下方二维码观看。

曲轴飞轮组拆卸（微课）　　　　　曲轴飞轮组拆卸（技能）

三、任务实施

根据本班级学生人数、实训设备台架数进行分组，每组选出一名负责人，负责人对本小组任务所涉及的操作要点、安全、质量、检查等任务要点进行分配。组员根据任务相关知识、维修手册、数字教学资源，按个人职责要求完成相关任务内容，并填写表2-9。

表2-9　曲轴飞轮组的拆卸学习工作页

客服信息	姓名		联系电话	
车辆信息	车型	VIN码		行驶里程
客户描述	发动机动力差　□ 发动机异响　　□ 其他：			
	安全隐患排查		工具设备、量具、物料准备清单	
	消防安全设备设施　正常□　不正常□ 工作场地安全条件　正常□　不正常□ 工具设备安全状况　正常□　不正常□ 周围作业人员状况　正常□　不正常□			
工作任务		曲轴飞轮组的拆卸		
曲轴飞轮组的拆卸异常情况记录				
处理意见				

（续）

小组职责分工		
姓名	职务	主要职责
	组长	
	安全员	
	质量员	
	监督员	
	工具管理员	
	操作员	
	检查员	
	记录员	

作业计划				
序号	作业项目	所需工具	安全注意要点	技术要求

实施情况						
序号	作业项目	主要技术参数记录	工具选用是否合理	操作是否安全	操作是否规范	作业顺序是否合理	是否符合技术要求

改进建议：

检查					
序号	检查项目	技术要求	自检结果	互检结果	终检结果

四、评价与反思（见表 2-10）

表 2-10　评价与反思

序号	项目	自评	互评	终评
1	课前学习情况（10分）			
2	理论知识掌握情况（10分）			
3	个人职责履行情况（10分）			
4	作业计划制订完成情况（10分）			
5	任务实施情况（10分）			
6	任务检查情况（10分）			
7	安全防控情况（10分）			
8	工作素养（5S）（10分）			
9	团队合作情况（10分）			
10	沟通协调能力（10分）			

总结反思：

项目 3

曲柄连杆机构的检测与维修

任务导入

张师傅反映他的车最近机油消耗较大，排气管冒蓝烟，且起动后发动机伴随有"噌噌"的声音，该车发动机性能如何？是否需要大修？如果你是汽车维修技师，怎样诊断张师傅车的故障？

任务 1　机体组的检测

知识目标

1. 能描述机体组各部件的组成、功用、主要损伤形式及其影响。
2. 能描述机体组检测的参数、技术要求。
3. 能描述常用量具的使用规范。
4. 能描述机体组相关参数检测的规范及注意事项、技术要求。

技能目标

1. 能制订机体组检测方案。
2. 会检测机体组是否有裂纹、炸裂等问题。
3. 会规范检测气缸盖各结合平面的平面度。
4. 会检测气缸孔的最大磨损尺寸、圆度、圆柱度。
5. 能评价分析机体组的技术状况。

社会能力目标

1. 具有良好的职业素养。
2. 具有工匠精神及作风。
3. 吃苦耐劳，善于学习。
4. 会分析、解决问题。
5. 善于沟通与合作。

任务描述

机体组是发动机的支架,是曲柄连杆机构、配气机构和发动机各系统主要零部件的装配机体。本任务主要学习机体组的构造及相关参数的检测,以及如何评价分析机体组的技术状况,为发动机的故障诊断及维修提供依据。

一、相关知识

1. 机体组的组成和功用

发动机机体组由气门室盖、气缸盖、气缸垫、气缸体、油底壳等主要部件组成,如图3-1所示。

其主要功用是作为曲柄连杆机构、配气机构和发动机各系统主要零部件的装配基体。另外,机体组还与气缸盖、活塞和气缸壁等一起形成燃烧室。

其中,气缸盖和位于气缸盖底部凹陷处的活塞一起构成燃烧室的部件。气缸体是构成发动机主体结构的部件。为使发动机平稳运转,要使用多个气缸。

2. 机体组的主要损伤形式

发动机机体组的主要损伤形式有气缸体及气缸盖有裂纹、各接合面的翘曲变形或其他部件的变形、气缸磨损、气缸垫烧蚀击穿等。

所有这些损伤都会影响发动机的技术性能指标、工作可靠性和耐久性,因此在修理过程中应认真检验,发现问题及时解决。

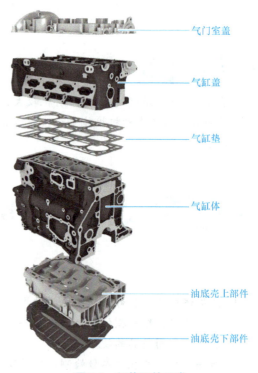

图3-1 机体组的组成

3. 气缸体、气缸盖裂纹的检测

在检查气缸体、气缸盖裂纹之前,应先将需要检查的气缸清洗干净,清除累积在气缸内的污垢,然后用目视法、染色法或水压法检查气缸体、气缸盖表面是否有裂纹。

目视法:清洁气缸盖(见图3-2),用眼睛仔细观察,看有无明显裂纹。

水压法:将气缸垫和气缸盖装在气缸体上,在气缸体前壁进水的地方装上盖板,连接水管、压水机,封死其他通道,然后注入足够量的水,如图3-3所示。如果气缸有渗漏,则说明渗漏处有裂纹。目前水压法应用较少。

染色法:将染色渗透剂喷于被检查的部位,片刻之后将其擦干。如果染色渗透剂渗入机件内部,则说明该处有裂纹存在。

4. 气缸体、气缸盖平面度的检测

目视检查气缸体和气缸盖配合面是否有划痕、腐蚀、裂纹和缺口,然后使用精密刀口形直尺和塞尺沿竖直、水平和对角线方向检查气缸体的6个位置,以塞尺(极限值读数)能否放入部件与精密刀口形直尺之间的间隙来检查是否有翘曲。

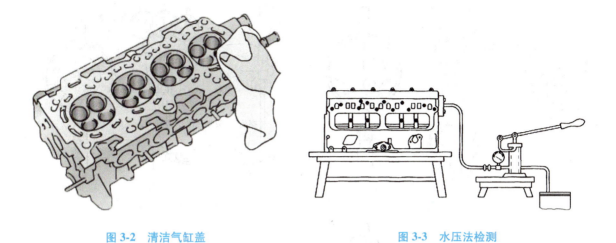

图 3-2　清洁气缸盖　　　　　　图 3-3　水压法检测

测量前必须彻底清洗配合面，具体检测方法如图 3-4 所示。

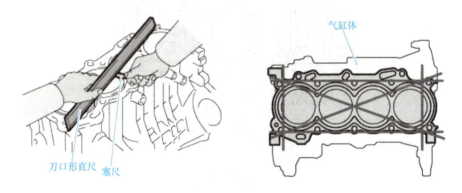

图 3-4　气缸体平面度的检测

取 6 个测量值中的最大值，参考维修手册中的标准值，判断气缸体和气缸盖的平面度情况，从而确定维修方案。

 提示

如果有任何翘曲超过极限值，则应更换相关的部件。

5. 气缸磨损度的检测

通常情况下气缸的磨损是不均匀的，因此在测量时要检查磨损度。磨损度可由圆度与圆柱度来表述。使用千分尺、内径百分表（在汽车行业中也称为量缸表）来测量气缸内径，如图 3-5、图 3-6 所示。

气缸磨损的检测要求有特定的测量位置。一般需要在 4 个位置进行测量，并计算圆度与圆柱度，如图 3-7 所示。

圆度＝(同一截面上的最大直径－最小直径)/2

圆柱度＝(不同截面上的最大直径－最小直径)/2

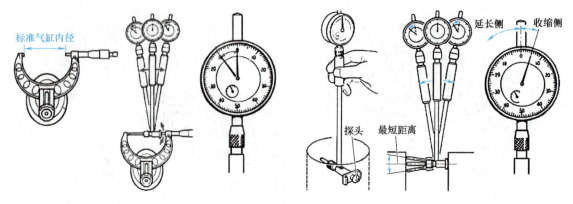

图 3-5　内径百分表的校准　　　　　图 3-6　气缸内径的测量

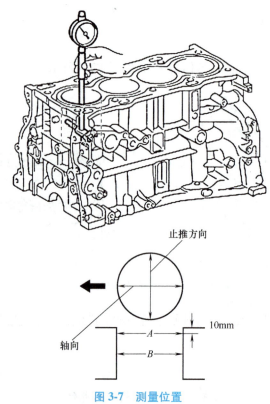

图 3-7　测量位置

二、数字教学资源

请扫描下方二维码观看。

机体组检测与维修（微课）　　　机体组检测与维修（技能）

三、任务实施

根据本班级学生人数、实训设备台架数进行分组,每组选出一名负责人,负责人对本小组任务所涉及的操作要点、安全、质量、检查等任务要点进行分配。组员根据任务相关知识、维修手册、数字教学资源,按个人职责要求完成相关任务内容,并填写表 3-1。

表 3-1 发动机机体组的检测与维修学习工作页

客服信息	姓名			联系电话	
车辆信息	车型		VIN 码	行驶里程	
客户描述	车辆无法起动,不着车 □ 发动机起动困难 □ 车辆上坡时熄火 □ 其他:				
	安全隐患排查			工具设备、量具、物料准备清单	
	消防安全设备设施 正常□ 不正常□ 工作场地安全条件 正常□ 不正常□ 工具设备安全状况 正常□ 不正常□ 周围作业人员状况 正常□ 不正常□				
工作任务	发动机机体组的检测与维修				
发动机机体组检测与维修数据记录					
处理意见					
小组职责分工					
姓名	职务		主要职责		
	组长				
	安全员				
	质量员				
	监督员				
	工具管理员				
	操作员				
	检查员				
	记录员				

（续）

作业计划				
序号	作业项目	所需工具	安全注意要点	技术要求

实施情况						
序号	作业项目	主要技术参数记录	工具选用是否合理	操作是否安全	操作是否规范	作业顺序是否合理	是否符合技术要求

改进建议：

检查				
序号	检查项目	技术要求	自检结果	互检结果	终检结果

(续)

检查					
序号	检查项目	技术要求	自检结果	互检结果	终检结果

四、评价与反思（见表 3-2）

表 3-2　评价与反思

序　号	项　　目	自　评	互　评	终　评
1	课前学习情况（10分）			
2	理论知识掌握情况（10分）			
3	个人职责履行情况（10分）			
4	作业计划制订完成情况（10分）			
5	任务实施情况（10分）			
6	任务检查情况（10分）			
7	安全防控情况（10分）			
8	工作素养（5S）（10分）			
9	团队合作情况（10分）			
10	沟通协调能力（10分）			

总结反思：

任务 2　　活塞连杆组的检测

知识目标

1. 能描述活塞连杆组各部件的组成、功用、主要损伤形式及其影响。
2. 能描述活塞连杆组各部件检测的参数、技术要求。
3. 能描述活塞连杆组各部件相关参数检测的规范及注意事项、技术要求。

技能目标

1. 能制订活塞连杆检测方案。
2. 会检测活塞连杆组各部件是否有裂纹、炸裂、变形等问题。
3. 会规范检测活塞连杆组各部件的相关技术参数。
4. 能评价分析活塞连杆组各部件的技术状况。

社会能力目标

1. 具有良好的职业素养。
2. 具有工匠精神及作风。
3. 吃苦耐劳，善于学习。
4. 会分析、解决问题。
5. 善于沟通与合作。

任务描述

活塞连杆组是发动机曲柄连杆机构的重要组成部分。本任务通过学习活塞连杆组的组成、功用以及相关参数的检测，为发动机加速无力、异响等故障诊断提供依据，以确定发动机维修方案。

一、相关知识

1. 活塞连杆组的组成及功用

活塞连杆组的功用是将活塞的往复运动变为曲轴的旋转运动，同时将作用于活塞上的力转变为曲轴对外输出的转矩，以驱动汽车车轮转动。活塞连杆组是发动机的传动件，它把燃烧气体的压力传给曲轴，使曲轴旋转并输出动力。活塞连杆组主要由活塞、活塞环、活塞销、连杆及连杆轴承等组成，如图 3-8 所示。

2. 活塞连杆组的主要损伤形式

活塞连杆组的主要损伤形式有活塞环槽磨损、活塞裙部磨损、活塞刮伤及顶部烧蚀。

（1）活塞环槽磨损　高压燃烧气体的作用和活塞的高速往复运动，使活塞环对环槽冲击很大。尤其是第一环槽，由于活塞头部在工作过程中还受到高温高压燃烧气体的作用，使其强度下降，从而造成第一道活塞环槽的磨损最为严重。活塞环槽磨损将会引起活塞环与环槽侧隙增大，使气缸漏气、窜油，密封性下降。

（2）活塞裙部磨损　活塞裙部磨损一般较轻。活塞裙部虽与气缸壁直接接触，但承受的单位面积压力小，而且裙部的润滑条件比头部要好，因而磨损较轻。但是活塞裙部磨损的影响是较大的，会引起活塞与气缸壁的配合间隙增大，严重的时候将会导致发动机机油上窜，更严重的将会导致发动机工作时出现异响。

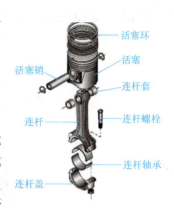

图 3-8　活塞连杆组的组成

（3）活塞刮伤及顶部烧蚀　活塞刮伤主要是活塞与气缸壁之间的配合间隙过小而使润滑条件变差，以及气缸内壁严重不清洁，有较多的机械杂质进入到摩擦表面而引起的。顶部烧蚀主要是发动机长期在超负荷和爆燃条件下工作的结果。

3. 活塞连杆组的拆卸与分解

活塞连杆组在进行检测之前，需要对其进行拆卸和分解。拆卸时，应注意轴承上的标记。应使用专用工具拆卸活塞环，如图 3-9 所示。活塞环的第一道和第二道为气环，第三道为油环，油环又可分为组合环和弹簧环。

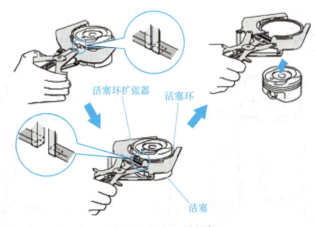

图 3-9　活塞环的拆卸

拆卸下来的活塞连杆组应按顺序摆放在一起。同时，分解出来的活塞、活塞环、活塞销、连杆、连杆轴承等单个部件也需按各缸顺序分组摆放。可目视检查活塞有无损伤，连杆轴承有无麻点、划痕和损伤，活塞销状况如何，如图 3-10 所示。

4. 活塞连杆组相关参数的检测

（1）活塞环侧隙的测量　用塞尺插入到活塞环侧隙中，测量最大的插入深度。当遇

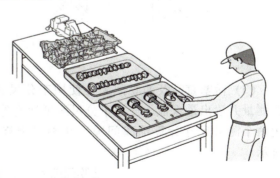

图 3-10　目视检查活塞连杆组各部件

到轻微的阻力而无摩擦时,读出塞尺读数,参照维修手册标准判断是否需要维修,如图 3-11 所示。

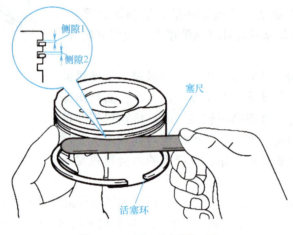

图 3-11　活塞环侧隙的测量

(2) 活塞环端隙的测量　用活塞将活塞环推至气缸下止点位置,然后用塞尺测量活塞环端隙,参照维修手册标准判断端隙是否符合要求,如图 3-12 所示。

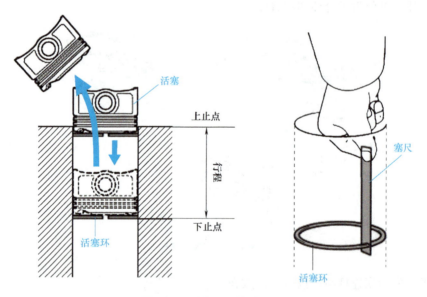

图 3-12　活塞环端隙的测量

(3) 活塞直径及油膜间隙　使用千分尺和内径百分表测量气缸内径,需在几个位置测量并读出最大值。使用千分尺测量活塞外径,需在几个位置测量并读出最小值。使用两个测量尺寸计算油膜间隙,并参照维修手册标准判断是否需要维修,如图 3-13 所示。

$$油膜间隙 = 气缸内径 - 活塞外径$$

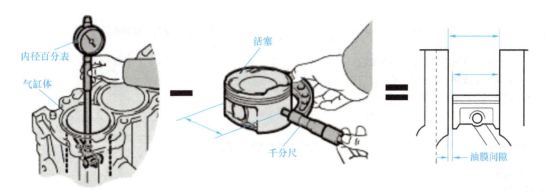

图 3-13 油膜间隙的计算

二、数字教学资源

请扫描下方二维码观看。

| 活塞连杆组检测 | 活塞连杆组检测 | 活塞连杆的功用 |
| 与维修（微课） | 与维修（技能） | 及结构 |

三、任务实施

根据本班级学生人数、实训设备台架数进行分组，每组选出一名负责人，负责人对本小组任务所涉及的操作要点、安全、质量、检查等任务要点进行分配。组员根据任务相关知识、维修手册、数字教学资源，按个人职责要求完成相关任务内容，并填写表3-3。

表3-3 发动机活塞连杆组的检测与维修学习工作页

客服信息	姓名		联系电话	
车辆信息	车型	VIN 码	行驶里程	
客户描述	车辆无法起动，不着车 □ 发动机起动困难 □ 车辆上坡时熄火 □ 其他： □			

（续）

安全隐患排查			工具设备、量具、物料准备清单
消防安全设备设施	正常□	不正常□	
工作场地安全条件	正常□	不正常□	
工具设备安全状况	正常□	不正常□	
周围作业人员状况	正常□	不正常□	

工作任务	发动机活塞连杆组的检测与维修
发动机活塞连杆组检测与维修数据记录	
处理意见	

小组职责分工		
姓名	职务	主要职责
	组长	
	安全员	
	质量员	
	监督员	
	工具管理员	
	操作员	
	检查员	
	记录员	

作业计划				
序号	作业项目	所需工具	安全注意要点	技术要求

(续)

序号	作业项目	实施情况					
		主要技术参数记录	工具选用是否合理	操作是否安全	操作是否规范	作业顺序是否合理	是否符合技术要求

改进建议:

序号	检查项目	检查			
		技术要求	自检结果	互检结果	终检结果

四、评价与反思（见表 3-4）

表 3-4　评价与反思

序号	项目	自评	互评	终评
1	课前学习情况（10 分）			
2	理论知识掌握情况（10 分）			
3	个人职责履行情况（10 分）			
4	作业计划制订完成情况（10 分）			
5	任务实施情况（10 分）			
6	任务检查情况（10 分）			
7	安全防控情况（10 分）			

（续）

序号	项目	自评	互评	终评
8	工作素养（5S）（10分）			
9	团队合作情况（10分）			
10	沟通协调能力（10分）			

总结反思：

任务3　曲轴飞轮组的检测与维修

知识目标

1. 描述曲轴飞轮组各部件的组成、功用、主要损伤形式。
2. 描述曲轴飞轮组各部件相关参数检测的规范及注意事项、技术要求。

技能目标

1. 能制订曲轴飞轮组检测方案。
2. 会检测曲轴飞轮组各部件是否有裂纹、炸裂、变形等问题。
3. 会规范检测曲轴飞轮组各部件的相关技术参数。
4. 能评价分析曲轴飞轮组各部件的技术状况。

社会能力目标

1. 具有良好的职业素养。
2. 具有工匠精神及作风。
3. 吃苦耐劳，善于学习。
4. 会分析、解决问题。
5. 善于沟通与合作。

任务描述

曲轴飞轮组是发动机曲柄连杆机构的重要组成部分。本任务通过学习曲轴飞轮组的组成、功用以及相关参数的检测，为发动机加速无力、异响等故障诊断提供依据，以确定发动机维修方案。

一、相关知识

1. 曲轴飞轮组的组成及功用

曲轴飞轮组由曲轴、曲轴带轮、曲轴扭转减振器、飞轮、主轴承、止推轴承等组成，如

图 3-14 所示。

曲轴的功用是将连杆传来的力变成旋转力矩，经飞轮传给离合器，同时驱动冷却液泵、发电机和凸轮轴等机件工作。曲轴由主轴颈、连杆轴颈、曲轴臂、平衡块、曲轴前端和曲轴后端等部分组成。飞轮的功用是贮存做功行程的能量，为非动力行程提供动力，并使曲轴平稳地旋转，以减轻曲轴的振动。飞轮还通过其上的齿圈使起动机起动发动机。

2. 曲轴飞轮组的主要损伤形式

曲轴的主要损伤形式有轴颈磨损、曲轴弯扭变形、曲轴裂纹和断裂等，如图 3-15 所示。飞轮的主要损伤形式有工作面磨损、齿圈磨损或折断。

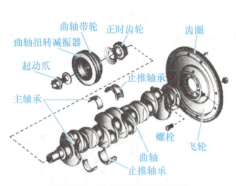

图 3-14 曲轴飞轮组的组成

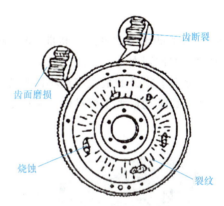

图 3-15 曲轴的主要损伤形式

（1）轴颈磨损 在长期工作中，主轴颈和连杆轴颈会出现不均匀的磨损、擦伤，而缺机油烧瓦后也会引起轴颈表面出现烧蚀，如图 3-16 所示。

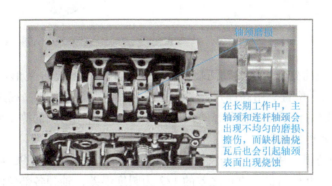

图 3-16 轴颈磨损

（2）曲轴弯扭变形 由于使用和修理不当，在弯矩和转矩的作用下，曲轴会发生弯曲和扭曲变形，如图 3-17 所示。

（3）曲轴裂纹和断裂 由于曲轴变形和修磨不慎，使曲轴的曲柄与轴颈之间的过渡圆角处以及油孔处产生应力集中，从而引起该部位产生裂纹和断裂，如图 3-18 所示。

3. 曲轴飞轮组的检测

（1）检测曲轴裂纹 通过磁力探伤仪检查、超声波探伤及浸油敲击法，我们可以检测曲轴裂纹。曲轴产生裂纹后，可用焊接法维修，但一般是更换曲轴。

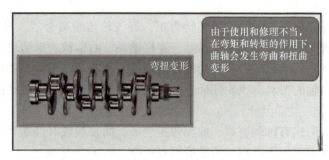

图 3-17　曲轴弯扭变形

（2）检测曲轴弯曲变形　将曲轴的两端用 V 形块支承在检测平板上，用百分表的测头抵在中间主轴颈表面上，预压 1~2mm，然后将大指针调至零位，如图 3-19 所示。转动曲轴一周，百分表上指针的最大与最小读数之差，即为中间主轴颈对两端主轴颈的径向圆跳动误差。若径向圆跳动量大于标准值，则应更换曲轴。

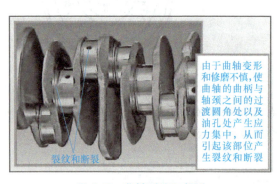

图 3-18　曲轴裂纹和断裂

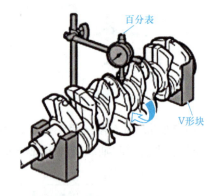

图 3-19　曲轴弯曲变形的检测

（3）检测曲轴扭曲变形　将曲轴两端的主轴颈放在检测平板的 V 形块上，使曲轴上 1、4 缸曲轴销旋转到水平位置。用高度尺测量 1、4 缸曲轴销离地高度，观察曲柄销与高度尺接触点的高度，读取并记录该测量值。查阅维修手册，并对比两次的测量值，如差值大于标准值，则应修复或者更换曲轴。

（4）检测轴颈磨损　用外径千分尺先在油孔两侧测量，然后旋转 90°再测量，如图 3-20 所示。同一截面最大直径与最小直径之差的 1/2 为圆度误差；轴颈各部位测得的最大与最小直径差的 1/2 为圆柱度误差。圆度、圆柱度误差大于规定值时，应按修理尺寸磨修。轴颈直径达到其使用极限时应更换曲轴。

（5）检测曲轴主轴颈的轴向间隙　将曲轴主轴承盖按规定装合紧固，把百分表装在缸体上，用撬棍固定曲轴，使其不能转动，测量曲轴的轴向间隙，其最大值应不超过规定值。若此间隙超差，则应更换曲轴止推垫片。

（6）检测曲轴主轴颈的径向间隙　将曲轴放在主轴承上，剪下一段塑料间隙规沿轴向放置在主轴颈上，按规定要求安装主轴承盖螺栓，如图 3-21 所示。随后把主轴承盖拆下，用量尺测量塑料间隙规并确定曲轴主轴颈的径向间隙。如果曲轴各项参数都符合要求但径向间隙过小或过大，可通过更换轴瓦来解决。

项目3 曲柄连杆机构的检测与维修

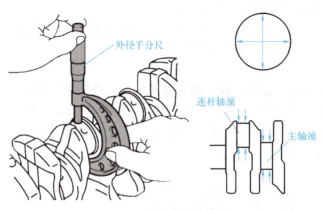

图 3-20 轴颈磨损的检测

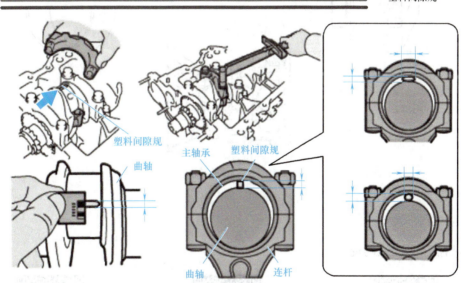

图 3-21 曲轴主轴颈径向间隙的检测

4. 曲轴的磨修

检测结束后若发现有曲轴需要磨修，要在专用曲轴磨床上对其进行磨修。磨修曲轴时，有以下要求：

1）磨削曲轴前应先确定修理尺寸。

2）同一曲轴的所有轴颈应按同一级修理尺寸进行磨削，以保证曲轴的动平衡。

3）曲轴轴颈磨削尺寸应根据选定的修理尺寸和轴承的实际尺寸进行磨削加工，并保证规定的配合间隙。

4）曲轴磨削后，其轴颈圆度和圆柱度应小于 0.005mm，表面粗糙度应达到 $Ra0.2\mu m$ 以上，尺寸公差应不大于 0.02mm。

5）曲轴主轴颈和连杆轴颈的两端应加工半径为 1~3mm 的过渡圆角，轴颈上的润滑油孔应加工 C0.50~1.00mm 的倒角，并除净毛刺。

6）除恢复轴颈尺寸及几何形状、精度外，还要保证轴颈的同轴度、平行度、曲轴过渡圆半径及各连杆轴颈间的夹角等相互位置精度。

5. 曲轴轴承的选配

曲轴轴承间隙超过允许极限、修磨或更换曲轴后，均需更换轴承。更换轴承时，必须进行选配。各车型的轴承选配有具体要求，选配前应注意轴承、轴承盖、曲柄和气缸体上有无数字或颜色等标记，并了解这些标记的含义，或查阅维修手册，然后再进行轴承选配。轴承的选配如图 3-22 所示。

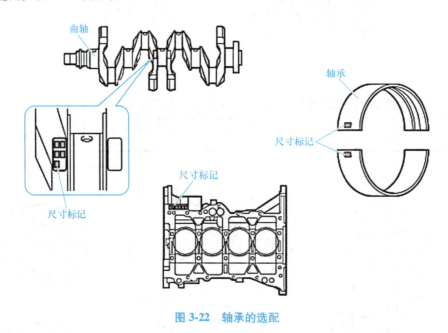

图 3-22 轴承的选配

二、数字教学资源

请扫描下方二维码观看。

三、任务实施

根据本班级学生人数、实训设备台架数进行分组，每组选出一名负责人，负责人对本小组任务所涉及的操作要点、安全、质量、检查等任务要点进行分配。组员根据任务相关知识、维修手册、数字教学资源，按个人职责要求完成相关任务内容，并填写表 3-5。

表 3-5　发动机曲轴飞轮组的检测与维修学习工作页

客服信息	姓名		联系电话	
车辆信息	车型	VIN 码	行驶里程	
客户描述	车辆无法起动，不着车 □ 发动机起动困难　　　　□ 车辆上坡时熄火　　　　□ 其他：			
安全隐患排查			工具设备、量具、物料准备清单	
消防安全设备设施　正常□　不正常□ 工作场地安全条件　正常□　不正常□ 工具设备安全状况　正常□　不正常□ 周围作业人员状况　正常□　不正常□				
工作任务	发动机曲轴飞轮组的检测与维修			
发动机曲轴飞轮组检测与维修数据记录				
处理意见				

<table>
<tr><th colspan="3">小组职责分工</th></tr>
<tr><th>姓名</th><th>职务</th><th>主要职责</th></tr>
<tr><td></td><td>组长</td><td></td></tr>
<tr><td></td><td>安全员</td><td></td></tr>
<tr><td></td><td>质量员</td><td></td></tr>
<tr><td></td><td>监督员</td><td></td></tr>
<tr><td></td><td>工具管理员</td><td></td></tr>
<tr><td></td><td>操作员</td><td></td></tr>
<tr><td></td><td>检查员</td><td></td></tr>
<tr><td></td><td>记录员</td><td></td></tr>
</table>

（续）

作业计划					
序号	作业项目		所需工具	安全注意要点	技术要求

实施情况						
序号	作业项目	主要技术参数记录	工具选用是否合理	操作是否安全	操作是否规范	作业顺序是否合理	是否符合技术要求

改进建议：

检查				
序号	检查项目	技术要求	自检结果	互检结果	终检结果

四、评价与反思（见表 3-6）

表 3-6　评价与反思

序号	项目	自评	互评	终评
1	课前学习情况（10 分）			
2	理论知识掌握情况（10 分）			
3	个人职责履行情况（10 分）			
4	作业计划制订完成情况（10 分）			
5	任务实施情况（10 分）			
6	任务检查情况（10 分）			
7	安全防控情况（10 分）			
8	工作素养（5S）（10 分）			
9	团队合作情况（10 分）			
10	沟通协调能力（10 分）			

总结反思：

任务 4　曲柄连杆机构的装配

知识目标

1. 能描述曲柄连杆机构装配的技术要求。
2. 能描述曲柄连杆机构装配的规范及注意事项。

技能目标

1. 能规范装配曲柄连杆机构。
2. 能检测评价曲柄连杆机构的装配状况。

社会能力目标

1. 具有良好的职业素养。
2. 具有工匠精神及作风。
3. 吃苦耐劳，善于学习。
4. 会分析、解决问题。
5. 善于沟通与合作。

任务描述

通过前面对发动机机体组、活塞连杆组以及曲轴飞轮组检测与维修的学习，可以根据相关参数的测量并参照维修手册进行维修、更换相应的部件。接下来将介绍曲柄连杆机构的装配。

一、相关知识

1. 工作前的准备

在装配曲柄连杆机构前，我们要先做一些准备。

1）准备好需更换的配件。根据每个部件的安装位置，分区域摆放，以方便安装。因各部件的安装位置不能互换，即使是相同的部件也要按顺序摆放好，不要搞混，例如活塞、活塞环等。

2）对所有零部件进行清洗。用煤油或汽油对所有零部件进行清洗，并用压缩空气吹干净，如图3-23所示。

图3-23 零部件的清洗

 提示

即使更换的是新配件，也要进行清洗，以去掉配件上的杂质。

3）清洁润滑油道。用钢丝、清洗剂、压缩空气逐一清洁油道，以防止润滑油道堵塞。发动机的润滑油道如图3-24所示。

4）测量以下数据：

① 气缸的直径、圆度、圆柱度。

② 活塞的直径、质量。

③ 分配好的活塞环的端隙、侧隙。

④ 曲轴各轴颈的直径、圆度、圆柱度。

⑤ 分配的轴颈轴承间隙。

测量这些数据的目的主要是确认相关技术参数是否符合技术要求，如果有不符合要求的应进行更换。

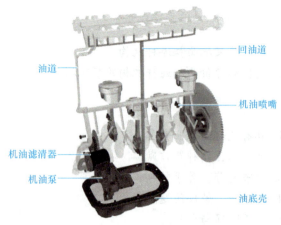

图3-24 发动机的润滑油道

5）记录相关的数据，存档备查，也可减少汽车维修质量纠纷。

6）准备好润滑油。在装配某些零件时，会涂抹润滑油，以方便安装。

7）准备好工具。将会使用到的工具摆放整齐，以方便拿取。

2. 曲柄连杆机构的装配步骤

准备工作做好以后，就可以进行曲柄连杆机构的装配了，具体装配步骤如下：

（1）安装曲轴　先在轴瓦表面涂抹润滑油，再安装轴瓦，然后放上曲轴，最后安装止推片和主轴承盖。按从中间往两端的顺序分 3 次拧紧主轴承盖螺栓，并用扭力扳手将其拧到规定力矩。然后用油漆在螺栓前端做标记，并按照拧紧的顺序，再紧固螺栓 90°。最后，检查曲轴转动是否顺畅，以及曲轴的轴向间隙是否符合规定值。曲轴的安装如图 3-25 所示。

 提示

　　润滑油不能涂抹到轴瓦背面。

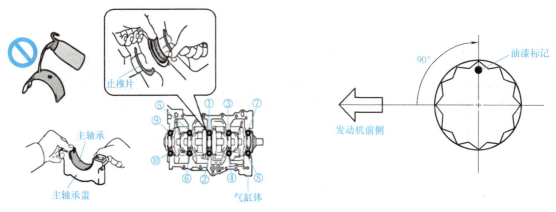

图 3-25　曲轴的安装（①~⑩为螺钉拧紧顺序）

（2）组装活塞连杆组　各缸连杆与活塞应保持一致（即为同一气缸），连杆与活塞的安装标记要在同一方向。组装时，要在座孔处涂抹润滑油，并使用专用工具进行安装。然后安装活塞环，使活塞环有字的一面朝上，油环用手进行安装，气环利用活塞环扩张器从下往上开始安装。安装好以后，各道活塞环开口位置应相互错开 120°，并错开活塞销轴线方向，如图 3-26 所示。最后，在连杆轴承表面涂抹润滑油，安装连杆轴承。

 提示

　　使用活塞环扩张器时，活塞环可能会扩张过度或者因扭曲而损坏。连杆轴承和连杆的接触面不能涂抹机油。

（3）安装曲柄连杆机构　安装前，要在活塞环槽、活塞裙部、活塞销座孔、气缸壁表面、连杆轴瓦表面涂抹足量的机油。安装某缸活塞时，要先将曲轴旋转到该缸的活塞下止点，再利用活塞安装器安装活塞，确认活塞安装方向无误后，用锤子手柄将活塞压入气缸内。分 2~3 次交叉拧紧连杆螺栓，用扭力扳手将其拧至规定力矩。然后用油漆在连杆螺栓前端做标记，再紧固螺栓 90°。曲柄连杆机构的安装如图 3-27 所示。

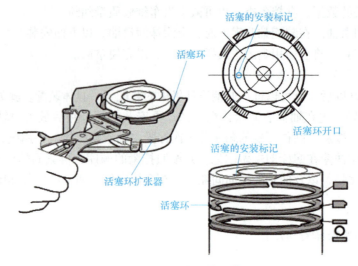

图 3-26　活塞环的组装

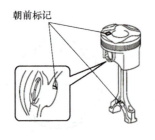 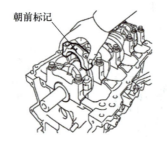 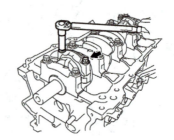

图 3-27　曲柄连杆机构的安装

> ⚠ **提示**
>
> 利用活塞安装器安装活塞时，不能用力敲击活塞，只能用锤子手柄将活塞压入气缸，如图 3-28 所示。

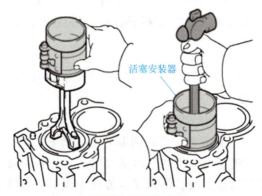

图 3-28　活塞的安装

（4）工作现场"5S"　曲柄连杆机构安装完成后，要做好工作现场"5S"。

二、数字教学资源

请扫描下方二维码观看。

曲柄连杆机构装配　　　　　曲柄连杆机构装配
（微课）　　　　　　　　　　（技能）

三、任务实施

根据本班级学生人数、实训设备台架数进行分组，每组选出一名负责人，负责人对本小组任务所涉及的操作要点、安全、质量、检查等任务要点进行分配。组员根据任务相关知识、维修手册、数字教学资源，按个人职责要求完成相关任务内容，并填写表3-7。

表3-7　发动机曲柄连杆机构的装配学习工作页

客服信息	姓名			联系电话	
车辆信息	车型		VIN码		行驶里程
客户描述	车辆无法起动，不着车　□ 发动机起动困难　□ 车辆上坡时熄火　□ 其他：				
	安全隐患排查			工具设备、量具、物料准备清单	
	消防安全设备设施　正常□　不正常□ 工作场地安全条件　正常□　不正常□ 工具设备安全状况　正常□　不正常□ 周围作业人员状况　正常□　不正常□				
工作任务	发动机曲柄连杆机构的装配				
发动机曲柄连杆机构的装配主要技术参数记录					
处理意见					

（续）

小组职责分工		
姓名	职务	主要职责
	组长	
	安全员	
	质量员	
	监督员	
	工具管理员	
	操作员	
	检查员	
	记录员	
作业计划				
序号	作业项目	所需工具	安全注意要点	技术要求
实施情况						
序号	作业项目	主要技术参数记录	工具选用是否合理	操作是否安全	操作是否规范	作业顺序是否合理	是否符合技术要求

改进建议：

（续）

序号	检查项目	检查 技术要求	自检结果	互检结果	终检结果

四、评价与反思（见表 3-8）

表 3-8 评价与反思

序号	项目	自评	互评	终评
1	课前学习情况（10 分）			
2	理论知识掌握情况（10 分）			
3	个人职责履行情况（10 分）			
4	作业计划制订完成情况（10 分）			
5	任务实施情况（10 分）			
6	任务检查情况（10 分）			
7	安全防控情况（10 分）			
8	工作素养（5S）（10 分）			
9	团队合作情况（10 分）			
10	沟通协调能力（10 分）			

总结反思：

任务 5　曲柄连杆机构的故障诊断

知识目标

1. 能描述曲柄连杆机构常见故障的现象。
2. 能描述曲柄连杆机构常见故障发生的原因。

🔍 **技能目标**

会根据故障现象，选用合适的诊断工具诊断曲柄连杆机构的常见故障。

🔍 **社会能力目标**

1. 具有良好的职业素养。
2. 具有工匠精神及作风。
3. 吃苦耐劳，善于学习。
4. 会分析、解决问题。
5. 善于沟通与合作。

🔧 **任务描述**

曲柄连杆机构在高温、高压、腐蚀气体环境下工作，受到气体作用力、往复惯性力、离心力、摩擦力的共同作用。发动机如果出现高温、润滑不良或者各部件间的配合间隙不满足要求，曲柄连杆机构就会磨损加剧，一般就会出现机油消耗过多异响、发动机抱死等故障。通常，我们诊断发动机机械故障的方法主要有人工经验法、仪器诊断法，或者二者相结合。

一、相关知识

1. 机油消耗过多

当车辆排气管冒蓝烟（见图3-29），且在一个保养周期内需要多次添加机油，则说明发动机机油消耗过多。此时，应先检查发动机外部确认有无泄漏，若无泄漏，则检测发动机气缸压力：若气缸压力正常，则表明气门油封不严或增压器泄漏；若气缸压力偏低，则表明活塞和气缸拉伤或者活塞环密封不严。

图3-29 排气管冒蓝烟

2. 异响

下面主要分析曲柄连杆机构的异响故障。

 提示

> 一旦发动机曲柄连杆机构出现明显的异响，应立即停机，否则可能导致发动机损伤更严重或者报废。

1）发动机起动后，若怠速运转时出现"嗒嗒"声和机体抖动，且温度越高响声越大，说明是活塞变形或活塞环开口间隙过小，造成活塞与气缸壁的配合间隙过小，致使润滑不良，导致敲缸异响，应检查、更换活塞及活塞环。

将发动机置于响声最明显的转速上运转，逐缸进行断火试验：若某缸断火后响声减弱或消失，说明该缸活塞敲缸；若在断火后仍出现敲缸响声，并由间断的响声变成连续的响声，则说明活塞裙部锥度过大,致使活塞头部撞击气缸壁发出异响。

在发动机高速运转时出现有节奏的"嘎嘎"声,且温度越高响声越大,这也是敲缸异响。可进行单缸断火试验,若响声没有变化,则说明连杆有变形,应检查并校正连杆。

发动机熄火后,拆下有响声气缸的火花塞或喷油器,往气缸内注入少量机油,转动曲轴数圈,然后装上火花塞或喷油器,起动发动机。若响声在短时间内减弱或消失,过一会儿又重新出现,说明是该缸活塞裙部与气缸壁的间隙过大引起的敲缸异响。活塞敲缸如图3-30所示。

2)若运转时产生一种连续而短促的"当当"声,中速运转时响声比较明显,突然加速时响声增大,单缸断火后响声减弱,复火瞬间响声又出现,则可断定是该气缸连杆轴承异响。连杆轴承异响如图3-31所示。

图3-30 活塞敲缸

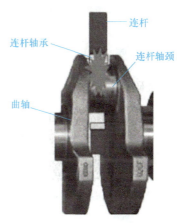

图3-31 连杆轴承异响

3)若运转时,反复改变转速可听到发动机出现明显钝哑、沉重的"喳喳"声,发动机转速升高时响声会增大,发动机负荷变化时响声变化明显,单缸断火时响声变化不明显,相邻两缸断火时响声明显减弱,则表明出现异响的地方是曲轴主轴承。曲轴主轴承异响如图3-32所示。

发动机异响是发动机所有故障中最难诊断的故障,我们需要根据异响的产生部位、声响特征、出现时机、变化规律以及尾气排放颜色等,并借助听诊器、断火试验以及仪器才可以找出故障原因。图3-33所示为用于判断汽车发动机异响的听诊器。

图3-32 曲轴主轴承异响

3. 发动机抱死

发动机抱死是指发动机因高温(见图3-34)、润滑不良或配合间隙过小引起活塞卡在气缸内不能运动,或者曲轴轴径与轴承咬合在一起,使发动机不能运转的一种故障现象。

起动发动机时,若起动控制电路、蓄电池电量和起动机性能均正常,但是起动机仍不能带动发动机运转,且将变速器档位置于空挡后,利用工具也不能转动曲轴,则表明发动机抱死。

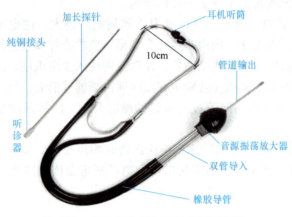

图 3-33　用于判断发动机异响的听诊器　　　　图 3-34　活塞高温

二、数字教学资源

请扫描下方二维码观看。

曲柄连杆机构故障
诊断与排除（微课）

曲柄连杆机构故障
诊断与排除（技能）

三、任务实施

根据本班级学生人数、实训设备台架数进行分组，每组选出一名负责人，负责人对本小组任务所涉及的操作要点、安全、质量、检查等任务要点进行分配。组员根据任务相关知识、维修手册、数字教学资源，按个人职责要求完成相关任务内容，并填写表3-9。

表 3-9　发动机曲柄连杆机构异响故障的诊断学习工作页

客服信息	姓名		联系电话	
车辆信息	车型	VIN 码	行驶里程	
客户描述	车辆无法起动，不着车　☐ 发动机起动困难　☐ 车辆上坡时熄火　☐ 其他：			

（续）

车辆外观检查		车辆内部检查	
凹凸		燃油量	内饰
划痕			
石击			
工作任务	发动机曲柄连杆机构异响故障的诊断		
发动机曲柄连杆机构异响故障检测数据记录			
处理意见			
小组职责分工			
姓名	职务	主要职责	
	组长		
	安全员		
	质量员		
	监督员		
	工具管理员		
	操作员		
	检查员		
	记录员		
作业计划			
序号	作业项目	所需工具	安全注意要点	技术要求

（续）

序号	作业项目	实施情况					
		主要技术参数记录	工具选用是否合理	操作是否安全	操作是否规范	作业顺序是否合理	是否符合技术要求

改进建议：

序号	检查项目	检查		
		技术要求	自检结果	互检结果	终检结果

四、评价与反思（见表3-10）

表3-10 评价与反思

序 号	项 目	自 评	互 评	终 评
1	课前学习情况（10分）			
2	理论知识掌握情况（10分）			
3	个人职责履行情况（10分）			
4	作业计划制订完成情况（10分）			

（续）

序 号	项 目	自 评	互 评	终 评
5	任务实施情况（10分）			
6	任务检查情况（10分）			
7	安全防控情况（10分）			
8	工作素养（5S）（10分）			
9	团队合作情况（10分）			
10	沟通协调能力（10分）			

总结反思：

项目 4

配气机构的检测与维修

任务导入

王师傅是一名出租车驾驶员,有一天,他驾驶的出租车机油油位报警,于是他自己对车辆进行了检查,确认了油位确实较低,但并没有发现漏油点,就添加了发动机机油后继续工作,不久后又显示机油油位低,只能到4S店进行维修,维修师傅告诉他是配气机构的气门组有点问题。请你帮他想想,问题会出现在配气机构的哪里呢?

任务1　气门组的检测与维修

知识目标

1. 能描述气门组各部件的组成、功用、工作原理、故障形式。
2. 能描述气门组各部件相关参数检测的规范及注意事项、技术要求。

技能目标

1. 能制订气门组检测方案。
2. 会检测气门组是否有裂纹、炸裂等问题。
3. 会规范检测气门组的相关技术参数。
4. 能评价分析气门组各部件的技术状况。

社会能力目标

1. 具有良好的职业素养。
2. 具有工匠精神及作风。
3. 吃苦耐劳,善于学习。
4. 会分析、解决问题。
5. 善于沟通与合作。

项目4 配气机构的检测与维修

任务描述

如图 4-1 所示，配气机构主要由气门组和气门传动组组成，包含凸轮轴、气门、挺柱等部件。气门组主要由气门、气门座、气门弹簧、气门弹簧座、气门导管、气门油封、气门锁片等组成，其故障形式主要有气门损坏、气门与气门座密封不良、气门弹簧断裂、烧蚀、气门导管与气门间隙过大等。气门组故障会导致发动机的工作效率降低，发动机的动力性下降，发动机烧机油等问题。发动机气门组零部件的检测对维持发动机良好工作状态有重要意义。

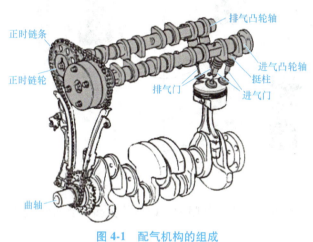

图 4-1 配气机构的组成

一、相关知识

1. 发动机换气系统

发动机充入新气和排出废气的全过程称为换气过程，该过程由换气系统完成。

换气系统的作用是根据发动机各缸的工作循环和着火次序要求，适时地开启和关闭各缸的进、排气门，使发动机气缸内充入足量的空气燃油混合气（汽油机）或纯净空气（柴油机），并及时地将燃烧后的废气从发动机气缸中排出。

换气系统的工作情况直接关系到发动机的动力性和燃油经济性，同时，对废气排放性能也有较大的影响。

2. 配气相位

四冲程发动机完成一个工作循环曲轴需要转过 2 圈，即完成 720°转角，理论上进气、压缩、做功和排气行程各占 180°的曲轴转角。而实际上，为了保证发动机气缸排气彻底、进气充分，要求气门具有尽可能大的通过能力，因此发动机的进、排气门实际开启和关闭时刻并不是活塞位于上、下止点时，而是适当地提前和迟后，即在一个工作循环中，进气门和排气门开启时对应的曲轴转角要大于 360°，在 410°~480°之间。

配气相位是用曲轴的转角表示进、排气门的开启时刻和开启持续时间，通常使用环形图表示发动机配气相位，称为配气相位图，如图 4-2 所示。

（1）进气相位

1）进气提前角 α：从进气门开始开启（进气门在活塞到达上止点前提前开启）到活塞到达上止点期间所对应的曲轴转角。α = 10°~30°。

91

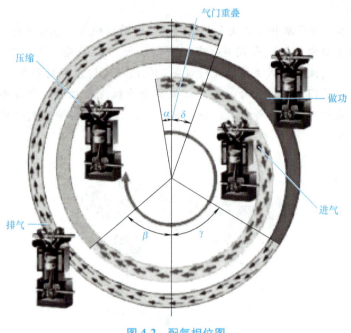

图 4-2 配气相位图

设置进气提前角的目的是减少进气阻力，以便使更多的新鲜空气或空气燃油混合气进入气缸，提高气缸的充气量。

2）进气迟闭角 β：从活塞离开下止点到进气门完全关闭期间所对应的曲轴转角。$\beta = 40° \sim 80°$。

设置进气迟闭角的目的是利用气缸内部与外部大气压的压差和气流惯性，提高气缸的充气量。

进气门持续开启时间可用曲轴转角来表示，为 $\alpha + 180° + \beta$。

（2）排气相位

1）排气提前角 γ：从排气门开始开启（排气门在做功行程的活塞到达下止点前提前开启）到活塞到达下止点期间所对应的曲轴转角。$\gamma = 40° \sim 80°$。

设置排气提前角的目的是利用气缸内部压力与外部大气压的压差进行排气。

2）排气迟闭角 δ：从活塞离开上止点到排气门完全关闭期间所对应的曲轴转角。$\delta = 10° \sim 30°$。

设置排气迟闭角的目的是利用气流惯性及气缸内部压力与外部大气压的压差继续排气。

（3）气门重叠与气门重叠角 理论上，在排气行程和进气行程的交替阶段，活塞达到上止点时排气门关闭，排气结束，同时进气门打开，进气开始，而由于设置了进气提前角和排气迟闭角，发动机进、排气门在一段时间内会同时开启，如图 4-3 所示。

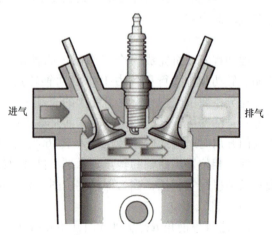

图 4-3 气门重叠

发动机排气门和进气门同时开启的现象称为气门重叠,而进、排气门同时开启期间所对应的曲轴转角称为气门重叠角($\alpha+\delta$)。

气门重叠的情况可能会让大家认为更不能让发动机进气充分、排气彻底了,其实不然,气体的流动具有流动惯性,短时间内不会改变其流动方向,只要设置得当,并不会出现废气反流现象,而进入发动机气缸内的新气也不会随废气排出,反而还可以利用压差使冲入的新气更加彻底地清除气缸内的残余废气,提高发动机的进气量。不同结构、转速的发动机其配气相位也各有不同,合理的配气相位要通过反复试验才能确定。非增压发动机(又称自然吸气式发动机)的气门重叠角一般设置在 20°~60°之间。

3. 配气机构

配气机构(见图4-4)是发动机的重要组成部分,它按照发动机各缸的工作顺序和每一缸的工作循环要求,适时地打开、关闭进气门和排气门,协同发动机完成换气过程。配气机构分为气门组和气门传动组两大部分。气门组包括气门、气门导管、气门座、气门弹簧座、气门弹簧、气门锁片等零件,其组成与配气机构的形式无关。气门传动组一般由摇臂、摇臂轴、推杆、挺柱、凸轮轴和正时齿轮组成,其组成因配气机构形式的不同而有所不同,它的功用是定时驱动气门开闭。

(1)配气机构的功用　配气机构的功用是按照发动机各缸的点火顺序,适时地开启和关闭进、排气门,保证发动机换气过程工作正常。

配气机构是发动机非常重要的一个组成部分,工作在高温、高压的工作环境中。在发动机的进气行程,进气门打开,向气缸内供给可燃混合气(汽油机)或新鲜空气(柴油机)。而在排气行程,排气门开启,及时将燃烧做功后形成的废气从排气门排出,实现发动机气缸的换气。

(2)配气机构的形式

1)按气门组布置位置的不同,配气机构可分为侧置式配气机构和顶置式配气机构,如图4-5所示。

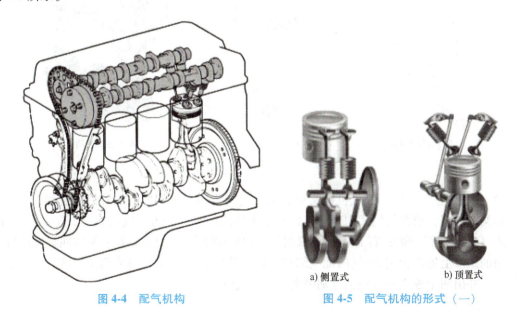

图4-4　配气机构

a)侧置式　　b)顶置式

图4-5　配气机构的形式(一)

2)按凸轮轴布置位置的不同,配气机构可分为凸轮轴下置式配气机构、凸轮轴中置式配气机构和凸轮轴上置式配气机构,如图4-6所示。

a) 凸轮轴下置式　　　　b) 凸轮轴中置式　　　　c) 凸轮轴上置式

图 4-6　配气机构的形式(二)

凸轮轴中置式和下置式配气机构因为凸轮轴距离气门比较远,所以通常使用气门推杆来控制气门。目前,这两种形式只在一些大型发动机或摩托车上还有使用。

凸轮轴上置式配气机构在结构上大大简化,有的发动机配气机构设计上取消了挺柱、摇臂和推杆,直接通过凸轮轴上的凸轮来驱动气门开闭,不仅减小了凸轮轴在旋转中的负荷,而且降低了对凸轮轴和气门弹簧的要求,同时降低了制造成本。因此,这种形式的配气机构越来越多地出现在各种类型的发动机上。

3) 按凸轮轴传动方式的不同,配气机构可分为齿轮传动式配气机构、链条传动式配气机构和同步带传动式配气机构,如图4-7所示。为了降低运转噪声和维护成本,目前大多数轿车发动机的配气机构采用链条传动式。

a) 齿轮传动式　　　　b) 链条传动式　　　　c) 同步带传动式

图 4-7　配气机构的形式(三)

4) 按气门数的不同,配气机构又可分为二气门式和多气门式,二气门式是指每缸有1进1排两个气门,而多气门式则是指每缸有多个气门,又可分为三气门式(2进1排)、四气门式(2进2排)和五气门式(3进2排),如图4-8所示。目前,最常见的四缸发动机普遍采用的是双上置凸轮轴16气门配气结构,即凸轮轴和进、排气门采用上置式,每气缸4个气门,并由两个独立的凸轮轴分别控制进、排气门的开闭。

4. 气门间隙

(1) 设置气门间隙的原因　为消除热胀冷缩对发动机换气系统的影响,在装配发动机配气机构时，在气门与其传动机构中应留适当的间隙，称为气门间隙，如图4-9所示。

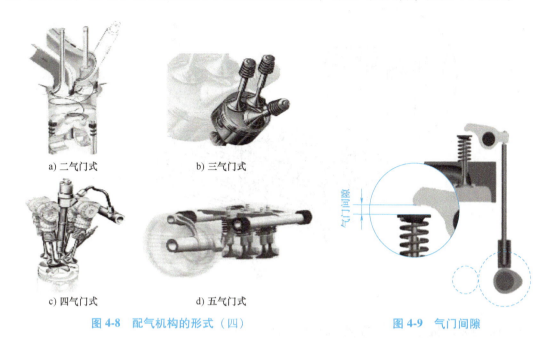

a) 二气门式　　b) 三气门式

c) 四气门式　　d) 五气门式

图4-8　配气机构的形式（四）　　　　图4-9　气门间隙

若气门间隙过大，会使发动机在冷态时气门开度不足，从而导致进气量偏低，而且还伴随有"嗒嗒"的异响；若气门间隙过小，当发动机工作温度升高后，部件受热膨胀，一旦其膨胀量大于气门间隙，会引起气门不能完全关闭。发动机处于低温状态的时间相对较短，正常工作时则处于高温状态，为保证发动机正常工作，故在冷态装配发动机时，须设置气门间隙。

（2）气门间隙对发动机的影响　若气门间隙过小，则气门易受热膨胀，会导致气门关闭不严、漏气，使发动机功率下降，甚至烧坏气门。若气门间隙过大，则会导致气门最大开度减小，开启延续时间缩短，影响气缸充气效率，且加剧传动件间的撞击，加速零件磨损，增大发动机噪声。

进气门的间隙宜设置为0.25~0.30mm，排气门的间隙宜设置为0.30~0.35mm。

5. 气门组的组成

气门组是配气机构的组成部分之一，主要由气门、气门座（在气缸盖上，图中未能示出）、气门弹簧、气门弹簧座、气门导管（在气缸盖上，图中未能示出）、气门油封、气门锁片等组成，如图4-10所示。

（1）气门　气门的功用是按时打开或者关闭，使得燃烧室内能够及时充入新鲜空气，并能够及时排出燃烧后的废气。

气门按作用不同可分为进气门和排气门，其构造基本相同，均由头部与杆部两部分组成，如图4-11所示。气门头部的功用是与气门座配合，对气缸进行密封；气门杆部的功用是与气门导管配合，对气门的运动起导向作用。气门杆部为圆柱形，在靠近尾部处加工有环形槽或锁销孔，以便用锁片或锁销固定气门弹簧座。

气门安装在发动机气缸盖上。目前发动机多设计为每缸2个进气门和2个排气门，为提高气缸充气效率，在进、排气门数量相等的情况下，进气门头部一般比排气门头部做得更

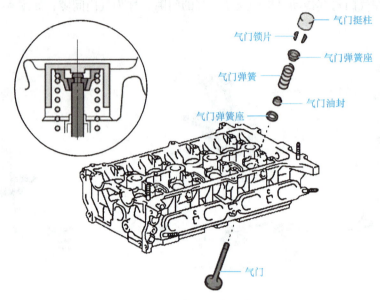

图 4-10 气门组的组成

大，也有部分发动机为了加工方便，将进、排气门做成同样直径。气门需要能够承受高温高压，而排气门需要承受的温度高于进气门，故对排气门材料的要求更高，一般采用镀铬或者氮化，在某些极端情况下，排气门密封锥面需要堆焊合金来提高耐高温磨损性。

气门按头部形状的不同可分为平顶式、凹面顶式和球面顶式三种形式，如图 4-12 所示。

平顶式气门由于具有结构简单、制造成本低、吸热面积小、质量小等优点，多数发动机的进气门和排气门均采用这种形式，目前应用较多。

凹面顶式气门头部与杆部的过渡部分具有一定的流线形，能够有效地减少进气阻力，但因其头部受热面积大，故适用于进气门。

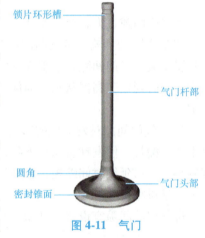

图 4-11 气门

a) 平顶式　　b) 凹面顶式　　c) 球面顶式

图 4-12 气门的形式

球面顶式气门强度高、排气阻力小，且废气清除积炭的效果好，适用于排气门，但其头部受热面积大，质量和惯性力也大，且加工较为复杂，制造成本相对较高。

气门头部是一个具有圆锥斜面的圆盘，气门锥面与气门顶面的夹角称为气门锥角，气门锥角一般设置为45°，也有少数发动机设置为30°，如图 4-13 所示。气门头部边缘还应保持一定厚度，一般为 1～3mm，以防在工作中受冲击损坏和被高温烧蚀。

（2）气门座　进、排气道口直接与气门密封锥面接触的部位称为气门座。气门座与气门配合，使气缸密封。

气门座的形式有两种。一种是在气缸盖上镗出来的，这种直接镗出的气门座导热性好，工作可靠，但磨损后不能更换。另一

图4-13　气门锥角

种是单独制成的气门座（见图4-14），可镶嵌在气缸盖上。这种气门通常使用耐高温、耐磨、强度高的合金钢材料制造，磨损后易更换，但导热性能比直接镗出的气门差，加工精度要求高，热力负荷、机械负荷大，公差配合严格。

气门与气门座之间的配合是需要经过相互研磨的。为保证密封良好，研磨好的零件不能互换，即气门不能互换。

（3）气门导管　气门导管的功用是对气门的直线往复运动起导向作用，并将气门头部传给杆部的热量传给气缸盖。

气门导管为空心管状结构，如图4-15所示。为了保证气门导管能良好地传热和防止松脱，气门导管以过盈配合的方式压装在气缸盖上的导管孔中，其外圆柱面与导管孔的配合有一定的过盈量。

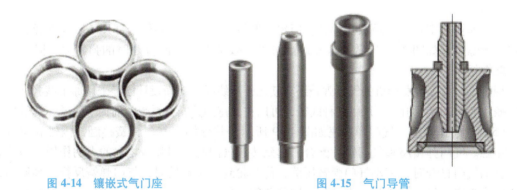

图4-14　镶嵌式气门座　　　　　　图4-15　气门导管

气门导管的内孔与气门杆之间为间隙配合，为防止润滑油从气门杆与气门导管的间隙中漏入燃烧室，在气门导管的上端安装有气门油封。

气门导管压装在气缸盖上，不仅能给进、排气门的运动作导向和传热，还能辅助固定气门。气门导管和气门的间隙是非常重要的。气门导管的长度也需要仔细斟酌，长度越长，对气门的导向作用越好，气门导管的磨损越小，但越长，越会深入进、排气道，从而影响进气效率或者排气背压。

（4）气门弹簧　气门弹簧如图4-16所示，其功用是使气门迅速回位以保证密封，并防止气门在开启或关闭过程中，因传动件的惯性而产生彼此脱离的现象。在气门关闭时，它可保证气门与气门座之间的密封；在气门开启时，它可保证气门不因运动时产生的惯性力而脱

图4-16　气门弹簧

离凸轮。

气门弹簧的形状为圆柱形螺旋弹簧,其材料为高碳锰钢、铬钒钢等冷拔钢丝,为避免锈蚀还应在弹簧表面进行磷化或发蓝处理。为了防止因气门弹簧共振而破坏配气正时,常采用双气门弹簧、变螺距气门弹簧、圆柱螺旋气门弹簧或气门弹簧振动阻尼器,如图4-17所示。

a) 双气门弹簧　　　b) 变螺距气门弹簧　　　c) 圆柱螺旋气门弹簧

图 4-17　气门弹簧的形式

气门弹簧力是凸轮轴摩擦扭矩的重要来源,其弹簧力越大,凸轮轴摩擦扭矩越大。气门弹簧力如果偏小,则可能使得气门在高转速下无法及时关闭,从而影响燃烧。气门在关闭时会有反跳,气门弹簧力偏小的话,气门反跳会较高,从而对气门产生严重冲击,会磨损气门座和气门。

气门弹簧通常是等螺距圆柱弹簧,但现在的设计会在气门弹簧上部逐步减少外径,并且逐步增大螺距,如图4-18所示。这样设计可以有效降低气门刚打开时的弹簧力,降低凸轮轴的摩擦扭矩。

现阶段,大多数发动机的气门弹簧还在使用圆形线径,但新设计已经采用卵形线径,即左右直径和上下直径不相等。采用这种线径,可以在保持弹簧安全系数的前提下降低弹簧重量。

(5) 气门弹簧座　气门弹簧座如图4-19所示,其外侧与气门弹簧接触,内锥孔与气门锁片接触。气门弹簧座和气门锁片配合,起到传递气门与气门弹簧之间的力的作用。当凸轮下压驱动气门打开时,带动气门弹簧压缩,待凸轮到达基圆处时,气门弹簧反弹,弹簧力通过气门弹簧座传给气门锁片,带动气门回位关闭。气门弹簧座在加工完成后,一般要采用碳氮共渗工艺进行热处理。

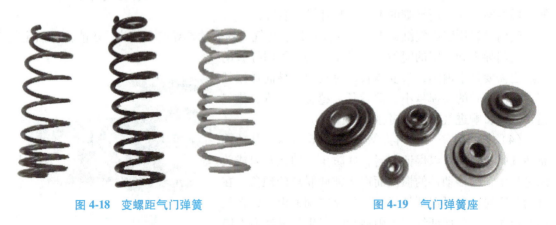

图 4-18　变螺距气门弹簧　　　　　图 4-19　气门弹簧座

(6) 气门油封　气门油封如图 4-20 所示。气门油封安装在气门导管上部，其功用就是封油，防止气缸盖内的机油泄漏到气门导管，通过气门导管与气门之间的间隙进入进、排气道，从而进入燃烧室参与燃烧或进入排气道被废气带走。

(7) 气门锁片　气门锁片连接气门弹簧座和气门，外部为圆锥形，便于与气门弹簧座的内锥孔配合定位，上部设置有凸台，以便紧扣住气门上部的环形槽，如图 4-21 所示。气门锁片的功用和气门弹簧座相同。气门锁片一般分为三锁槽式和单锁槽式，由气门尾部的形状决定。三锁槽式可以降低锁夹飞脱的可能性，并且能够加强气门自转；单锁槽式结构简单，拆卸方便，工作可靠，因此得到广泛应用。气门锁片一般要进行碳氮共渗热处理。

图 4-20　气门油封

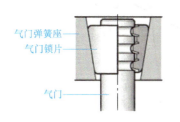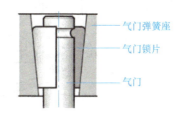

图 4-21　气门锁片

(8) 气门旋转机构　为了使气门头部温度均匀，防止局部过热引起的变形并清除气门座积炭，可设法使气门在工作中相对气门座缓慢旋转。气门缓慢旋转时，在密封锥面产生轻微的摩擦力，有阻止沉积物形成和自洁的作用。

如图 4-22 所示，在气门旋转机构壳体上有 8 个变深度的凹槽，凹槽内部装有钢球和复位弹簧。碟形弹簧安装在气门旋转机构壳体与气门弹簧座之间。气门关闭时，碟形弹簧没有压紧在钢球上，钢球在复位弹簧的作用下位于凹槽的最浅处。气门开启时，气门杆尾端受到的压力传到碟形弹簧，使碟形弹簧变形并压紧在钢球上，钢球沿凹槽斜面滚动，带动气门旋转机构壳体和气门一起旋转一定的角度。

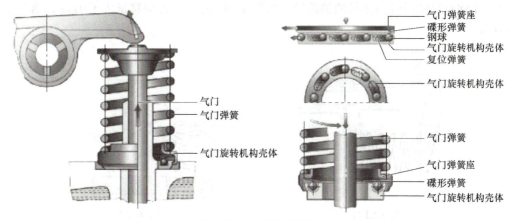

图 4-22　气门旋转机构

6. 气门组的检修

（1）气门组的拆卸　气门组安装完成后，在气门弹簧的作用下，气门组处于绷紧状态，莽撞不当的操作极有可能会造成人身伤害和零件遗失。所以，在拆卸气门组时必须选用正确的工具——气门弹簧钳，并且要谨慎、规范地操作，如图4-23所示。

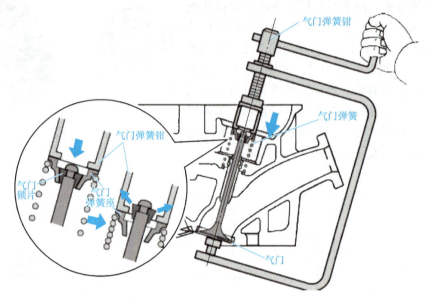

图4-23　气门组的拆卸

气门组的拆装步骤如下：

1) 使用气门弹簧钳压紧气门弹簧，如图4-23所示。
2) 使用镊子取出气门锁片。
3) 松开气门弹簧钳，取下气门弹簧座和气门弹簧。
4) 取出气门，并做好标记，按顺序排好。

（2）气门弹簧的检查

1) 使用游标卡尺测量气门弹簧的自由长度，如图4-24a所示，若长度不符合规定，则应更换气门弹簧。

2) 用钢直尺测量气门弹簧的偏移量，如图4-24b所示，若偏移量大于1mm，则应更换气门弹簧。

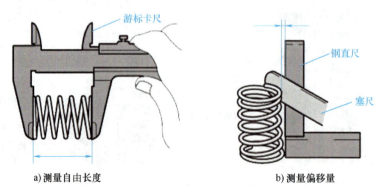

a) 测量自由长度　　　　　　　　b) 测量偏移量

图4-24　气门弹簧的检查

(3) 气门的检查 气门杆与气门导管之间的公差配合和加工精度决定了气门间隙的大小，直接影响发动机的工作性能，如气门间隙过大，则易引起气门杆弯曲，造成气缸密封不严。因此，应对气门进行相应检查。

1) 使用刮刀清除气门头部的所有积炭，如图 4-25a 所示。

2) 用游标卡尺测量气门总长度，如图 4-25b 所示。

3) 用游标卡尺测量气门边缘厚度，如图 4-25c 所示。

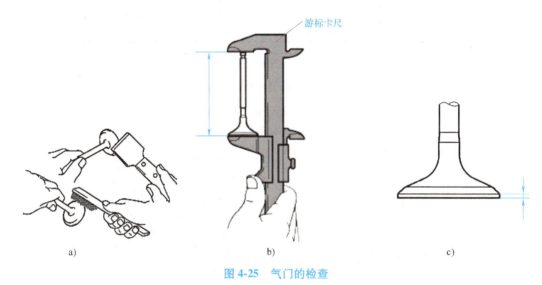

图 4-25 气门的检查

4) 用千分尺测量气门杆直径，如图 4-26 所示，应分别测量上、中、下 3 个位置，并以尾部未磨损部位直径为参照，若差值超过 0.05mm，或手摸有明显的阶梯状，则应更换气门。

5) 用百分表检查气门杆是否弯曲变形，如图 4-27 所示，若变形量超过规定值，则应更换气门。

(4) 气门座的检查（见图 4-28）

1) 在气门座的密封锥面上涂抹一薄层普鲁士蓝。

2) 使密封锥面轻压气门座。

3) 按下列步骤检查密封锥面和气门座：

① 如果气门的整个 360°密封锥面均出现普鲁士蓝，则表示密封锥面是同心的，否则，应更换气门或修气门座。

② 检查并确认气门座接触面在密封锥面的中部，气门座宽度在 1.0~1.4mm 之间。

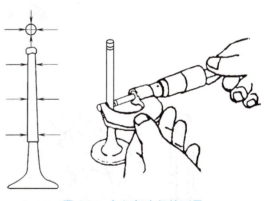

图 4-26 气门杆直径的测量

(5) 气门导管的检查 气门导管的检查主要是检查其内径，从而计算出气门导管与气门之间的油膜间隙，并判断其是否在规定范围内。

1) 用内卡规测量气门导管的内径，如图 4-29 所示。

2) 用测得的气门导管内径减去测得的气门直径，则可计算出油膜间隙，与标准值进行比较，如间隙超过最大值，则更换气门和气门导管。

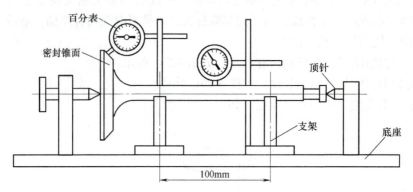

图 4-27 检查气门杆是否弯曲变形

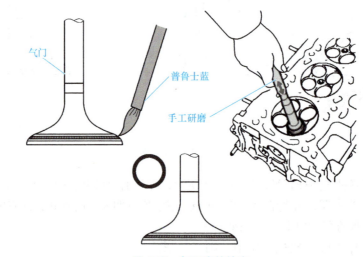

图 4-28 气门座的检查

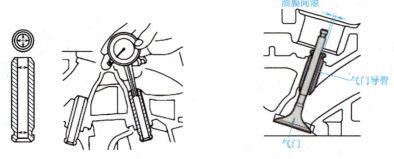

图 4-29 气门导管内径的测量

（6）气门组的安装　如图 4-30 所示，按照与拆卸相反的顺序安装气门，但应注意以下事项：

1）在安装气门之前，需更换密封油封，并在气门杆部涂上一层机油。

2）安装气门时，要注意气门的标记，各缸的气门不可互换。

3)按顺序装回气门、气门弹簧、气门弹簧座。

4)用气门弹簧钳压紧气门弹簧,装上气门锁片。

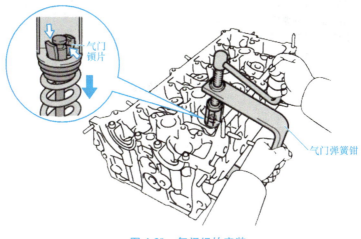

图 4-30　气门组的安装

二、数字教学资源

请扫描下方二维码观看。

| 气门组检测与维修 | 气门组检测与维修 | 气门组组成 | 气门结构 |
| (微课) | (技能) | | |

三、任务实施

根据本班级学生人数、实训设备台架数进行分组,每组选出一名负责人,负责人对本小组任务所涉及的操作要点、安全、质量、检查等任务要点进行分配。组员根据任务相关知识、维修手册、数字教学资源,按个人职责要求完成相关任务内容,并填写表 4-1。

表 4-1　发动机气门组的检测与维修学习工作页

客服信息	姓名		联系电话	
车辆信息	车型	VIN 码		行驶里程
客户描述	车辆无法起动,不着车　□ 发动机起动困难　□ 车辆上坡时熄火　□ 其他:			

（续）

安全隐患排查			工具设备、量具、物料准备清单
消防安全设备设施	正常□	不正常□	
工作场地安全条件	正常□	不正常□	
工具设备安全状况	正常□	不正常□	
周围作业人员状况	正常□	不正常□	

工作任务	发动机气门组的检测与维修
发动机气门组检测与维修数据记录	
处理意见	

小组职责分工		
姓名	职务	主要职责
	组长	
	安全员	
	质量员	
	监督员	
	工具管理员	
	操作员	
	检查员	
	记录员	

作业计划				
序号	作业项目	所需工具	安全注意要点	技术要求

（续）

序号	作业项目	实施情况					
		主要技术参数记录	工具选用是否合理	操作是否安全	操作是否规范	作业顺序是否合理	是否符合技术要求

改进建议：

序号	检查项目	检查		
		技术要求	自检结果	互检结果	终检结果

四、评价与反思（见表4-2）

表4-2 评价与反思

序　号	项　　目	自　评	互　评	终　评
1	课前学习情况（10分）			
2	理论知识掌握情况（10分）			
3	个人职责履行情况（10分）			
4	作业计划制订完成情况（10分）			
5	任务实施情况（10分）			
6	任务检查情况（10分）			
7	安全防控情况（10分）			

(续)

序号	项目	自评	互评	终评
8	工作素养（5S）（10分）			
9	团队合作情况（10分）			
10	沟通协调能力（10分）			

总结反思：

任务2　气门传动组的检测

 知识目标

1. 能描述气门传动组各部件的组成、功用、工作原理、损坏形式。
2. 能描述气门传动组各部件相关参数检测的规范及注意事项、技术要求。

技能目标

1. 能制订气门传动组各部件检测方案。
2. 会检测气门传动组各部件是否有裂纹、炸裂等问题。
3. 会规范检测气门传动组各部件的相关技术参数。
4. 能评价分析气门传动组各部件的技术状况。

社会能力目标

1. 具有良好的职业素养。
2. 具有工匠精神及作风。
3. 吃苦耐劳，善于学习。
4. 会分析、解决问题。
5. 善于沟通与合作。

 任务描述

如图4-31所示，气门传动组主要由凸轮轴、挺柱（图中未能示出）、正时链轮（正时带轮、正时齿轮）、正时链条（正时带）、气门摇臂等组成，其损坏形式主要有凸轮轴磨损、烧蚀，挺柱磨损，正时带老化、断裂，张紧轮异响等。气门传动组传动性能的好坏直接影响发动机的工作效率，对发动机的动力性有直接影响。因此，发动机气门传动组零部件的检测对维持发动机良好工作状态有重要意义。

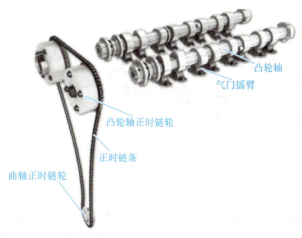

图 4-31 气门传动组的组成

一、相关知识

1. 气门传动组的组成

气门传动组的传动方式可分为带传动、链传动和齿轮传动三种，如图 4-32 所示。

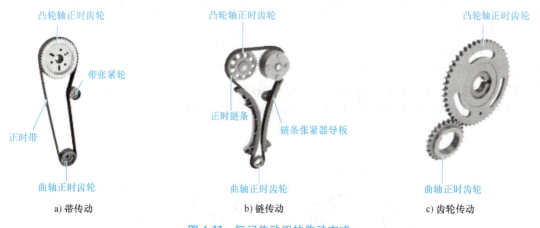

a) 带传动　　　　　　　　b) 链传动　　　　　　　　c) 齿轮传动

图 4-32 气门传动组的传动方式

根据凸轮轴布置位置和传动方式的不同，气门传动组的组成部件有所不同，总体来说，主要由正时齿轮（或正时带轮、正时链轮）、正时链条（或正时带）、凸轮轴、挺柱、摇臂等组成。

凸轮轴下置式和中置式的气门传动组包括凸轮轴、挺柱、推杆、摇臂、气门间隙调整螺钉等元件。

凸轮轴上置式的气门传动组则主要包括凸轮轴、挺柱、摇臂等元件。

(1) 凸轮轴　如图 4-33 所示，凸轮轴的功用是控制气门的开启和关闭，每个进、排气门分别有相应的进气凸轮和排气凸轮。

凸轮轮廓的功用是决定气门开闭的快慢及开度大小和持续时间。凸轮轮廓应保证气门开启和关闭的持续时间符合配气相位的要求，且气门要有合适的升程，足够大的气门通道面

107

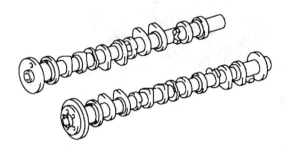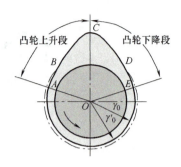

图 4-33 凸轮轴

积,以保证气门的升降过程具有一定的运动规律。凸轮轮廓的形状包括以凸轮旋转中心为中心的圆弧、凸轮上升段和凸轮下降段。为防止气门开启和关闭落座时产生强烈的冲击,在上升段和下降段靠近圆弧段一侧都设计有缓冲段。

上置式凸轮轴通过正时链条或正时带由曲轴带动旋转,凸轮轴上的凸轮推动进、排气门在气门导管的定位下做往复运动,使进气门打开吸入新鲜空气或排气门打开排出燃烧后的废气。凸轮每旋转一周,各气缸的进、排气门各开启一次,当凸轮轴上的凸轮不再对气门施压后,气门在气门弹簧作用下贴合气门座,实现气门的关闭。发动机每完成一个工作循环(即完成进气、压缩、做功、排气四个行程),两根凸轮轴分别旋转 1 圈,而带动凸轮轴的曲轴则旋转 2 圈,即曲轴与凸轮轴的传动比为 2∶1。

工作中凸轮轴承受周期性的冲击载荷,且凸轮表面接触应力较大,相对滑动速度较高,故要求凸轮表面应耐磨,且具有较小的表面粗糙度及良好的润滑等,凸轮轴要有足够的韧性和刚度。凸轮轴一般用优质钢模锻而成,也有采用合金铸铁或球墨铸铁铸造。

多气缸时同名凸轮间的夹角为 360° 与气缸数的比值,如图 4-34 所示。

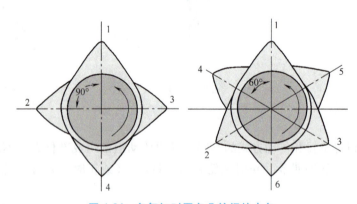

图 4-34 多气缸时同名凸轮间的夹角

(2) 挺柱　挺柱的功用是将凸轮的推力传给推杆(或气门杆),并承受凸轮轴旋转时所施加的侧向力。现代汽车中液压挺柱被广泛采用。

挺柱将凸轮推力传给推杆或气门,同时将侧向力经过挺柱导管传给气缸体。挺柱一般用钢或铸铁制成,可分为机械挺柱和液压挺柱。

1) 机械挺柱结构简单,质量小,在中、小型发动机中应用比较广泛。根据挺柱结构形状的不同，机械挺柱分为平面挺柱、球面挺柱和滚子挺柱，如图 4-35 所示。

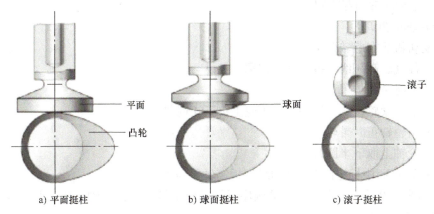

图 4-35　机械挺柱的形式

2）配气机构中预留的气门间隙将在发动机工作时使配气机构产生撞击和噪声。为了消除这一弊端，现阶段的发动机，尤其是轿车发动机多采用液压挺柱，借以实现零气门间隙。气门及其传动件因温度升高而膨胀，或因磨损而缩短，都可由液压作用来自动调整或补偿气门间隙，从而使气门间隙处于最优状态。液压挺柱具有以下优点：

① 自动调整气门间隙。

② 当发动机长时间不工作时，再开始工作时会有气门座撞击声，运行约 1min 后即会自动消失。

③ 结构简单，更换方便，无须修理。

（3）推杆　推杆如图 4-36 所示，呈杆状，其功用是将从凸轮轴和挺柱传来的力矩传给摇臂。推杆是传统配气机构中最容易弯曲的零件之一，故要求其有很大的刚度和纵向稳定性。在动载荷较大的发动机中，推杆应尽量做得短些。推杆常采用硬铝合金、锻铝、无缝钢管等制成，两边的球头需经淬火和磨光，以保证其耐磨性。

（4）摇臂和摆臂　摇臂是一个双臂杠杆，可将推杆传来的力改变方向后作用到气门杆端，使气门开启。

摆臂是单臂杠杆，支点在摆臂的一端，故又称为末端支点摇臂。摆臂的功用与摇臂相同，也用于减轻摩擦和磨损，并可将凸轮与摆臂的接触方式由滑动改为滚动，如图 4-37 所示。摆臂以摆臂支座为支点，在很多轿车上采用气门间隙自动补偿器代替摆臂支座。气门间隙自动补偿器的结构和工作原理与液压挺柱相似。

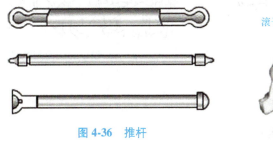

图 4-36　推杆

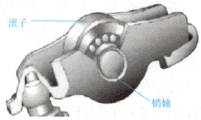

图 4-37　摆臂

2. 气门传动组的拆装

（1）凸轮轴的拆卸与检测

1）凸轮轴的拆卸。

① 将发动机放在旋转台架上。

② 取下各气缸高压线，拆卸气缸盖罩。

③ 拆卸正时带防护罩。

④ 松开带张紧轮，从凸轮轴正时带轮上拆下正时带。

⑤ 拆下凸轮轴正时带轮。

⑥ 从凸轮轴上取下半圆键。

⑦ 先按图 4-38 中标记的 1~10 的顺序拆卸轴承盖螺栓。

⑧ 再按图 4-39 中标记的 1~15 的顺序拆卸轴承盖螺栓，拆下轴承盖，并按顺序摆放整齐，最后拆下凸轮轴。

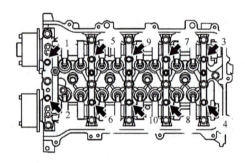

图 4-38 凸轮轴轴承盖的拆卸（一）

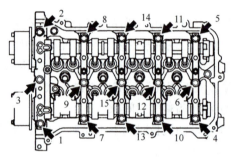

图 4-39 凸轮轴轴承盖的拆卸（二）

2）凸轮轴轴向间隙的测量（见图 4-40）。

① 安装凸轮轴。

② 来回移动凸轮轴，用百分表或塞尺测量凸轮轴的轴向间隙。

3）凸轮轴油膜间隙的测量（见图 4-41）。

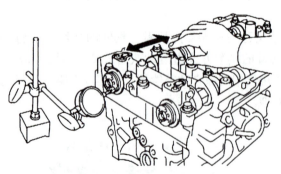

图 4-40 凸轮轴轴向间隙的测量

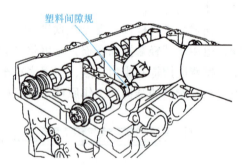

图 4-41 凸轮轴油膜间隙的测量

① 清洁轴承盖和凸轮轴轴颈。

② 将凸轮轴安放在凸轮轴轴壳上。

③ 将塑料间隙规布置在凸轮轴轴颈上。

④ 安装凸轮轴盖。

⑤ 拆下凸轮轴盖。
⑥ 测量塑料间隙规最宽处。
若凸轮轴油膜间隙超过最大油膜间隙,则更换凸轮轴。

4)凸轮轴弯曲度的测量。将凸轮轴放在 V 形块上,并使用百分表测量其径向圆跳动量,如果测量值低于规定值,则更换凸轮轴,如图 4-42 所示。

5)凸轮凸缘高度的测量。使用千分尺测量凸轮凸缘的最高点,如图 4-43 所示。凸轮凸缘的高度直接决定气门升程,可影响发动机的充气效率。

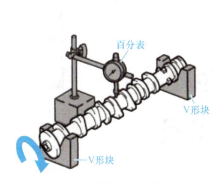
图 4-42　凸轮轴弯曲度的测量

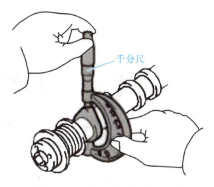
图 4-43　凸轮凸缘高度的测量

6)凸轮轴的损坏形式。凸轮轴的损坏形式主要有弯曲变形、凸轮和轴颈磨损、烧蚀,如图 4-44 所示。

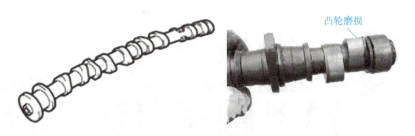
图 4-44　凸轮轴的损坏形式

(2)摇臂轴总成的拆装　对于有摇臂轴的发动机,拆装摇臂轴总成的要点如下:
拆装时要防止拆装不当造成摇臂轴弯曲。因为装在摇臂轴上的各摇臂,有的正处于压缩气门弹簧使气门打开的状态,这样的摇臂对摇臂轴有一个向上的作用力。所以,在拆卸摇臂轴时,要把全部摇臂支座的固定螺栓分几次逐渐拧松,使摇臂轴平行地远离气缸盖。同样,安装时也要分几次逐渐拧紧。

(3)正时链条检测　正时齿轮、正时链条、正时带轮都要按正时标记装配,才能保证原设计的点火顺序,使发动机正常工作。

1)正时链条的检测。
① 测量正时链条的长度。如图 4-45 所示,使用 147N 的力拉链条,测量 15 个链节之间的长度,再任取 3 个链节测量,求出测量值的平均值,若平均值超出规定值范围,则更换正时链条。
② 检查曲轴正时链轮。将正时链条绕在曲轴正时链轮上,用游标卡尺测量正时链轮和

111

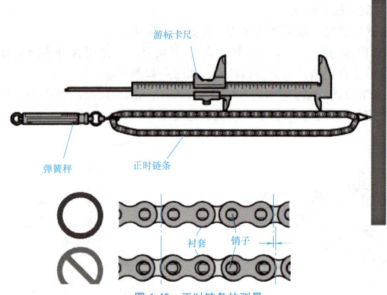

图 4-45 正时链条的测量

正时链条的直径,若测量值小于标准值,则应更换正时链轮和正时链条。

2)正时齿轮、正时带的检查。正时齿轮的损坏形式通常有轮齿断裂,正时带的失效形式有橡胶老化、传动带断裂等,如图 4-46 所示。

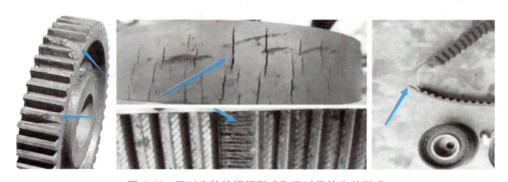

图 4-46 正时齿轮的损坏形式和正时带的失效形式

二、数字教学资源

请扫描下方二维码观看。

气门传动组检测与维修(微课)

气门传动组检测与维修(技能)

气门传动组结构

气门传动组组成

三、任务实施

根据本班级学生人数、实训设备台架数进行分组,每组选出一名负责人,负责人对本小组任务所涉及的操作要点、安全、质量、检查等任务要点进行分配。组员根据任务相关知识、维修手册、数字教学资源,按个人职责要求完成相关任务内容,并填写表 4-3。

表 4-3　发动机气门传动组的检测与维修学习工作页

客服信息	姓名			联系电话	
车辆信息	车型		VIN 码	行驶里程	
客户描述	车辆无法起动,不着车　□ 发动机起动困难　　　　□ 车辆上坡时熄火　　　　□ 其他:				
安全隐患排查			工具设备、量具、物料准备清单		
消防安全设备设施　正常□　不正常□ 工作场地安全条件　正常□　不正常□ 工具设备安全状况　正常□　不正常□ 周围作业人员状况　正常□　不正常□					
工作任务		发动机气门传动组的检测与维修			
发动机气门传动组检测与维修数据记录					
处理意见					
小组职责分工					
姓名	职务		主要职责		
	组长				
	安全员				
	质量员				
	监督员				
	工具管理员				
	操作员				
	检查员				
	记录员				

（续）

作业计划				
序号	作业项目	所需工具	安全注意要点	技术要求

实施情况						
序号	作业项目	主要技术参数记录	工具选用是否合理	操作是否安全	操作是否规范	作业顺序是否合理	是否符合技术要求

改进建议：

检查				
序号	检查项目	技术要求	自检结果	互检结果	终检结果

四、评价与反思（见表 4-4）

表 4-4　评价与反思

序　号	项　目	自　评	互　评	终　评
1	课前学习情况（10 分）			
2	理论知识掌握情况（10 分）			
3	个人职责履行情况（10 分）			
4	作业计划制订完成情况（10 分）			
5	任务实施情况（10 分）			
6	任务检查情况（10 分）			
7	安全防控情况（10 分）			
8	工作素养（5S）（10 分）			
9	团队合作情况（10 分）			
10	沟通协调能力（10 分）			

总结反思：

任务 3　配气机构的装配

知识目标

1. 能描述配气机构装配的技术要求。
2. 能描述配气机构装配的规范及注意事项。
3. 能描述配气相位图的含义及应用。

技能目标

1. 能规范装配配气机构。
2. 能检测评价配气机构的装配状况。

社会能力目标

1. 具有良好的职业素养。
2. 具有工匠精神及作风。
3. 吃苦耐劳，善于学习。
4. 会分析、解决问题。
5. 善于沟通与合作。

任务描述

发动机配气系统的装配要求非常严格,操作人员应十分细心,因为装配不当不仅会造成零部件的损坏,甚至还可能导致人员伤害和发动机无法起动。因此,在本任务中,任务实施人员必须严格按文中要求执行。

一、相关知识

1. 配气机构装配前的准备

在装配配气机构前,须作以下准备。

1)准备好需更换的部件。每个部件根据安装位置分区域摆放,如图 4-47 所示,以方便安装。因各部件安装位置不能互换,即使是相同的部件也要按顺序摆放好,不能混淆。

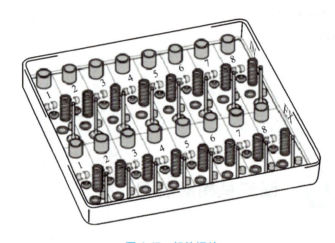

图 4-47 部件摆放

2)对所有部件进行清洁。用煤油或汽油对所有部件进行清洁(图 4-48),并用压缩空气吹干净。

 提示

> 即使是更换的新部件,也要进行清洗,以去掉部件上的杂质。

3)清洁润滑油道。用钢丝、清洗剂、压缩空气逐一清洁润滑油道,防止润滑油道堵塞。

4)用润滑油浸泡液压挺柱 12h 以上。新液压挺柱内润滑油不足,在装配液压挺柱前用润滑油将其浸泡 12h 以上,让润滑油布满液压挺柱内部,以避免液压挺柱在发动机起动初期因润滑油不足而损坏。

5)如图 4-49 所示,检查气缸盖的平整度,检查气缸盖是否有裂纹,检查气门杆与气门套管的间隙,检查气门的长度,检查气门弹簧的长度,更换气门导管的衬套,检查气门与气门座密封线的宽度及位置,检查凸轮轴的弯曲度。检查的目的主要是确认相关技术参数是否符合技术要求,如果有不符合要求的应进行更换或修理。

项目4 配气机构的检测与维修

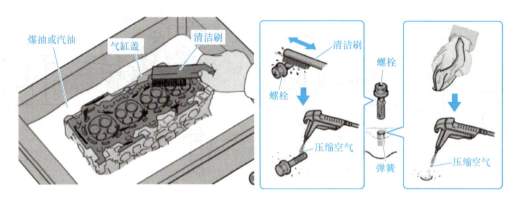

图 4-48 清洁配气机构部件

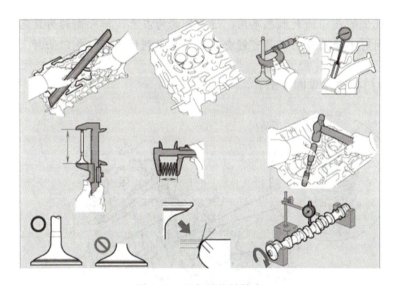

图 4-49 配气机构的检查

6) 记录相关的技术数据,存档备查,以减少汽车维修质量纠纷。
7) 准备好润滑油。在装配某些部件时,会涂抹润滑油,以方便安装。
8) 准备好工具。将会使用到的工具摆放整齐,以方便拿放。

2. 气门组的装配

准备工作做好以后,即可开始装配配气机构,但首先要润滑气门组零件。

(1) 安装气门导管

1) 将气缸盖加热至 80~100℃。
2) 将气缸盖放置在木板上。
3) 用专用工具和锤子将气门导管敲入到气缸盖上的导管孔中,并使之达到规定的突出高度,如图 4-50 所示。

如图 4-51 所示,在新气门油封上涂上一层发动机机油,使用专用工具安装气门油封,确保气门油封与气门导管轴线保持一致。

117

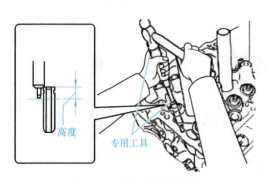

图 4-50 气门导管的安装

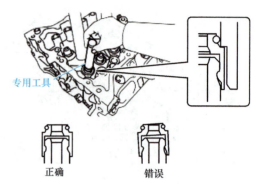

图 4-51 气门油封的安装

 提示

进、排气侧的气门油封颜色不同,进气侧的为灰色,排气侧的为黑色,不能混装;安装气门油封时不使用专用工具可能会导致安装不到位或损坏气门油封。

(2)安装气门弹簧(见图 4-52)

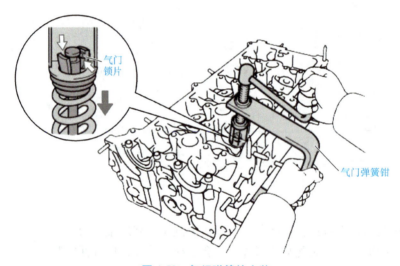

图 4-52 气门弹簧的安装

1)用机油润滑气门杆部。
2)依次按顺序摆放好气门弹簧座、气门弹簧、气门弹簧座。
3)然后利用专业工具安装气门弹簧。
4)安装好气门锁片。
5)缓慢松开气门弹簧钳。

气门弹簧安装好后,用塑料锤轻轻地敲气门杆顶部,确保气门安装到位,最后将浸泡好的液压挺柱安装到位。

这里须注意:进气侧的气门油封为灰色,排气侧的气门油封为黑色,不能装错;安装气门弹簧时,要佩戴护目镜;敲击气门杆时,不要损坏气门;气门和气门挺柱的安装位置应一一一对应，不能互换；每个气门的安装位置是唯一的。

气门组安装完成后，方可再安装气门传动组。

3. 气门传动组的装配

1）安装气缸垫、气缸盖分总成，按维修手册的先后顺序和力矩拧紧相关螺栓。

2）安装凸轮轴。

① 清洁凸轮轴轴颈，并在凸轮轴轴颈、凸轮轴壳、轴承盖上涂抹机油，安装凸轮轴。

② 安装凸轮轴轴承盖，按维修手册要求的力矩，并按从大到小的顺序分 2~3 次拧紧凸轮轴轴承盖螺栓，如图 4-53 所示。

3）安装凸轮轴分总成，按维修手册要求的力矩，按从大到小的顺序分 2~3 次拧紧凸轮轴分总成螺栓，如图 4-54 所示。

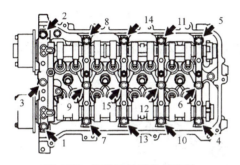 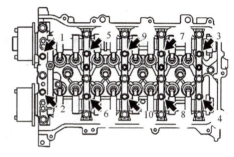

图 4-53　凸轮轴轴承盖的安装　　　图 4-54　凸轮轴分总成的安装

4）安装进气正时齿轮/链轮，如图 4-55 所示。

① 检查并确认锁销已一一安装到凸轮轴上。

② 使锁销与凸轮轴键槽对准，将链轮轻轻推向凸轮轴。

③ 推动链轮的同时按图 4-55 所示旋转链轮（不要使链轮顺时针方向转动），使锁销进入键槽。

5）检查并确认正时齿轮/链轮安装正确。

① 检测正时齿轮/链轮与凸轮轴的间隙，如图 4-56 所示。

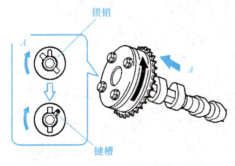 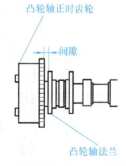

图 4-55　正时齿轮/链轮的安装　　　图 4-56　正时齿轮/链轮与凸轮轴的间隙

② 安装就位后固定正时齿轮/链轮的螺栓，如图 4-57 所示。

③ 检查确认正时齿轮/链轮可以顺时针转动，并锁止在最大延迟位置。

6）安装排气正时齿轮/链轮。按步骤 4）和 5）的方法安装排气正时齿轮/链轮。

7)安装链条减振器,按维修手册要求的力矩拧紧2颗螺栓,如图4-58所示。

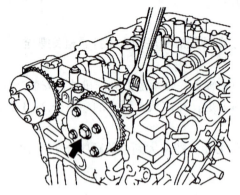
图4-57 正时齿轮/链轮螺栓的固定

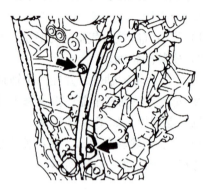
图4-58 链条减振器的安装

8)安装2号链条减振器,按维修手册要求的力矩拧紧2颗螺栓,如图4-59所示。

9)安装链条张紧器导板,如图4-60所示。

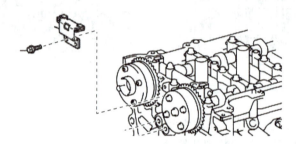
图4-59 2号链条减振器的安装

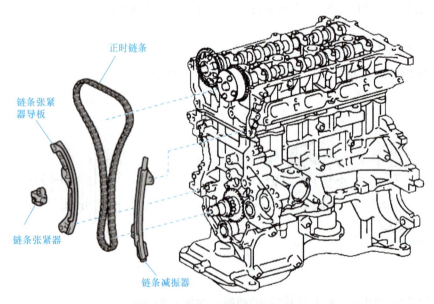
图4-60 链条张紧器导板的安装

10)安装正时链条总成,如图4-61所示。

① 安装曲轴带轮螺栓。
② 逆时针转动曲轴，使正时齿轮键位于顶部。
③ 检查两凸轮轴正时链轮的正时标记。
④ 对准正时标记后安装正时链条，确保标记板 1 朝前。
⑤ 用扳手固定排气凸轮轴六角部分，并逆时针旋转凸轮轴正时链轮总成，使正时链轮和正时链条的正时标记对准。
⑥ 用扳手固定排气凸轮轴六角部分，并顺时针旋转凸轮轴正时链轮总成，张紧链条。
⑦ 当标记板 2 和正时标记对准时，将正时链条安装在曲轴正时链轮上。
⑧ 检查每个正时标记。
11）安装正时链条盖分总成，按维修手册要求的力矩拧紧螺栓。
12）检查确认链条张紧器正常，然后将挂钩固定在柱塞锁销上以使柱塞固定，安装链条张紧器。

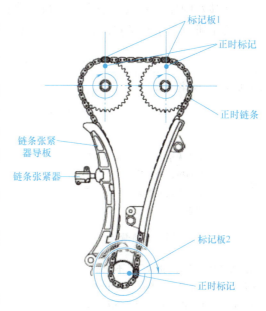

图 4-61　正时链条总成的安装

13）逆时针转动曲轴，从挂钩上断开柱塞锁销，然后顺时针转动曲轴，检查并确认柱塞是否伸出。
14）使某一缸活塞位于上止点，检查正时链条标记板 2 是否与正时链轮上标记对准。
15）使用专用工具安装曲轴带轮，转动曲轴，检查曲轴是否能正常转动。

 提示

安装凸轮轴时，要注意凸轮轴的方向，以及凸轮轴轴承盖的位置和方向。安装正时链条盖分总成时，要在和气缸的接触面涂抹密封胶，且在 3min 内安装完成。

二、数字教学资源

请扫描下方二维码观看。

配气机构装配
（微课）

配气机构装配
（技能）

丰田 8A 发动机配
气机构结构

三、任务实施

根据本班级学生人数、实训设备台架数进行分组，每组选出一名负责人，负责人对本小组任务所涉及的操作要点、安全、质量、检查等任务要点进行分配。组员根据任务相关知识、维修手册、数字教学资源,按个人职责要求完成相关任务内容,并填写表4-5。

表4-5 发动机配气机构的装配学习工作页

客服信息	姓名		联系电话	
车辆信息	车型	VIN码	行驶里程	
客户描述	车辆无法起动,不着车 □ 发动机起动困难 □ 车辆上坡时熄火 □ 其他:			
	安全隐患排查		工具设备、量具、物料准备清单	
	消防安全设备设施 正常□ 不正常□ 工作场地安全条件 正常□ 不正常□ 工具设备安全状况 正常□ 不正常□ 周围作业人员状况 正常□ 不正常□			
工作任务		发动机配气机构的装配		
发动机配气机构装配主要技术参数记录				
处理意见				
		小组职责分工		
姓名	职务		主要职责	
	组长			
	安全员			
	质量员			
	监督员			
	工具管理员			
	操作员			
	检查员			
	记录员			

（续）

作业计划					
序号	作业项目	所需工具	安全注意要点	技术要求	

实施情况						
序号	作业项目	主要技术参数记录	工具选用是否合理	操作是否安全	操作是否规范	作业顺序是否合理	是否符合技术要求

改进建议：

检查				
序号	检查项目	技术要求	自检结果	互检结果	终检结果

四、评价与反思（见表4-6）

表4-6 评价与反思

序号	项目	自评	互评	终评
1	课前学习情况（10分）			
2	理论知识掌握情况（10分）			
3	个人职责履行情况（10分）			
4	作业计划制订完成情况（10分）			
5	任务实施情况（10分）			
6	任务检查情况（10分）			
7	安全防控情况（10分）			
8	工作素养（5S）（10分）			
9	团队合作情况（10分）			
10	沟通协调能力（10分）			

总结反思：

任务4　配气机构异响故障的诊断

知识目标

1. 能描述配气机构常见的故障现象。
2. 能描述配气机构常见故障的原因。

技能目标

会根据故障现象，选用合适的诊断工具诊断配气机构的常见故障。

社会能力目标

1. 具有良好的职业素养。
2. 具有工匠精神及作风。
3. 吃苦耐劳，善于学习。
4. 会分析、解决问题。
5. 善于沟通与合作。

任务描述

发动机配气机构故障会影响发动机的动力性和经济性，严重时会导致发动机无法起动。其气门与气门座的密封情况还直接影响发动机气缸压力。听诊法是诊断发动机机械故障、评价发动机性能、判断发动机是否需大修的重要手段。本任务利用听诊法检测、判断发动机配气机构异响故障，从而确定发动机是否需要维修。

一、相关知识

1. 气门间隙的检查与调整

根据发动机的工作循环、点火顺序，按相位原理，使用两次法检查气门间隙：在第 1 缸和第 4 缸活塞分别处于上止点位置，第 2 缸和第 3 缸活塞分别处于下止点位置时，可对相应的气门间隙进行检查，如图 4-62 所示。

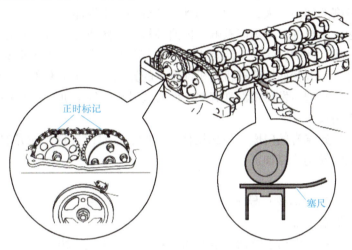

图 4-62　检查气门间隙

1）转动曲轴，使第 1 缸活塞处于压缩行程上止点，如图 4-63 所示。

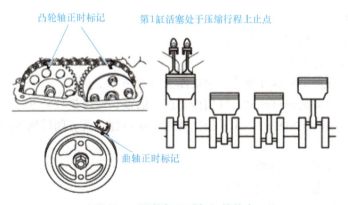

图 4-63　调整气门时气缸的状态

2）用"双-排-不-进"口诀判断可以调整的气门。这里的"双"指进、排气门都可调，"排"指排气门可调，"不"指进、排气门都不可调，"进"则指进气门可调。

① 对于做功顺序为 1—3—4—2 的四缸发动机，当第 1 缸活塞处于压缩行程上止点时，用"双-排-不-进"口诀可作如下判断：第 1 缸进、排气门都可调，即"双"；第 3 缸只能调排气门，即"排"；第 4 缸进、排气门都不能调，即"不"；第 2 缸只能调进气门，即"进"。判断可调气门后，对可调气门进行调整。

② 对于做功顺序为 1—5—3—6—2—4 的六缸发动机，在第 1 缸活塞处于压缩行程上止点时，用"双-排-不-进"口诀作如下判断：第 1 缸进、排气门都可调，即"双"；第 5 缸和

第 3 缸只能调排气门，即"排"；第 6 缸进、排气门都不能调，即"不"；第 2 缸和第 4 缸只能调进气门，即"进"。

3）转动曲轴一圈，调整其余的气门。

2. 配气机构常见故障的诊断与排除

由于配气机构布置形式的不同，相关的传动链较长、传动零件较多，且运动形式多变，通常是旋转、往复运动频繁交错，运动规律极为特殊，润滑条件相对较差，工作中由于磨损使各配合副、摩擦副的间隙增大，进而影响到发动机的技术性能。

一般配气机构所发出的异响为间歇响，即曲轴每转 2 圈或更多圈响 1 次；而活塞连杆组发出的异响为连续响，即曲轴每转 1 圈响 1 次。将汽油机某气缸火花塞断火或喷油器断油，若异响减弱或消失，一般为曲柄连杆机构机件发出的异响；若异响不变，一般为配气机构机件发出的异响。有些异响与发动机温度有关，而有些异响与发动机温度无关或关系不大。气门座异响受温度影响较小。

配气机构常见的异响有气门座（液压挺柱）异响、正时齿（链）轮异响等。

配气机构常见的异响故障如下：

（1）异响故障 1

响声：气门座（液压挺柱）异响。

听诊部位：气缸盖上部。

特征及规律：怠速时发出连续而有节奏的"嗒嗒"的金属响声。

故障原因：气门间隙调整过大。

诊断方法：怠速时，逐个在可调气门的气门座塞入塞尺，若响声减弱则为该气门异响。

（2）异响故障 2

响声：气门座（液压挺柱）异响。

听诊部位：气缸盖上部。

特征及规律：响声不随温度变化，单缸断火时响声不变。

故障原因：气门调整螺钉松动；气门传动组件磨损；液压挺柱缺油。

诊断方法：采用液压挺柱的，用手压摇臂或液压挺柱，若有间隙则为液压挺柱失效。

（3）异响故障 3

响声：正时齿（链）轮异响。

听诊部位：正时齿（链）轮室处。

特征及规律：怠速、中速较为清晰；单缸断火时响声不变。

故障原因：正时齿轮间隙过大；正时链条和链轮磨损松旷或张紧器失效。

诊断方法：在正时齿（链）轮盖处响声明显，响声严重时，在正时齿（链）轮盖处感觉有振动。

（4）异响故障 4

响声：有节奏的"当当"的金属撞击声。

听诊部位：气缸盖处。

特征及规律：发动机高速时较明显，有类似活塞撞击气缸盖的振动感觉。

故障原因：由于气门间隙过小、正时齿轮装错、活塞或气缸盖与气门不匹配等，致使活塞上行到上止点时与气门相撞。

（5）异响故障5

响声：发动机工作时发出"嚓嚓"的裂碎声。

听诊部位：气缸盖处。

特征及规律：另外还有一股气流声，发动机中、低速运转时响声较清脆，高速时响声增大且变得杂乱。

故障原因：材质选用不当和受热变形，致使气门座松动甚至破裂。

（6）异响故障6

响声：正时齿轮室处和凸轮轴一侧听到无节奏的响声，怠速时有"嘎啦、嘎啦"声。

听诊部位：正时齿（链）轮室处。

特征及规律：高速时响声杂乱且有破碎音，中速时响声突出，用金属棒抵在正时齿轮盖上时响声更清楚。

故障原因：由于正时齿轮啮合间隙过大，曲轴、凸轮轴、平衡轴承磨损严重，曲轴与凸轮轴不平行，致使齿轮啮合失常。

二、数字教学资源

请扫描下方二维码观看。

配气机构常见故障
诊断（微课）

配气机构常见故障
诊断（技能）

三、任务实施

根据本班级学生人数、实训设备台架数进行分组，每组选出一名负责人，负责人对本小组任务所涉及的操作要点、安全、质量、检查等任务要点进行分配。组员根据任务相关知识、维修手册、数字教学资源，按个人职责要求完成相关任务内容，并填写表4-7。

表4-7 发动机配气机构常见故障的检测学习工作页

客服信息	姓名		联系电话	
车辆信息	车型	VIN码		行驶里程
客户描述	发动机怠速时有连续而有节奏的"嗒嗒"的金属响声 其他：			

（续）

车辆外观检查		车辆内部检查	
凹凸		燃油量	内饰
划痕			
石击			

工作任务	发动机配气机构常见故障的检测
发动机配气机构常见故障检测数据记录	
处理意见	

小组职责分工		
姓名	职务	主要职责
	组长	
	安全员	
	质量员	
	监督员	
	工具管理员	
	操作员	
	检查员	
	记录员	

作业计划				
序号	作业项目	所需工具	安全注意要点	技术要求

（续）

实施情况							
序号	作业项目	主要技术参数记录	工具选用是否合理	操作是否安全	操作是否规范	作业顺序是否合理	是否符合技术要求

改进建议：

检查					
序号	检查项目	技术要求	自检结果	互检结果	终检结果

四、评价与反思（见表 4-8）

表 4-8　评价与反思

序号	项目	自评	互评	终评
1	课前学习情况（10分）			
2	理论知识掌握情况（10分）			
3	个人职责履行情况（10分）			
4	作业计划制订完成情况（10分）			
5	任务实施情况（10分）			
6	任务检查情况（10分）			
7	安全防控情况（10分）			
8	工作素养（5S）（10分）			
9	团队合作情况（10分）			
10	沟通协调能力（10分）			

总结反思：

项目 5

燃油供给系统的检测与维修

任务导入

小张早上准备驾车去旅行，打开起动开关，车辆仪表显示正常，发动机随起动机一起旋转，但就是不能着火。如果你是汽车维修技师，该如何排除该车发动机不能正常起动故障？

任务 燃油压力异常的检测与维修

知识目标

1. 能描述燃油供给系统的功用、基本组成和工作原理。
2. 能够描述燃油压力检测操作中的要领和注意事项。
3. 能描述燃油压力异常的原因。

技能目标

1. 会规范使用相关检测设备检测燃油系统的压力。
2. 会根据使用工具进行燃油压力的检测。
3. 会诊断、排除燃油压力异常故障。

社会能力目标

1. 具有一定的沟通表达能力。
2. 具备分析、解决问题的能力。

任务描述

发动机燃油供给系统是发生故障较多的系统之一。发动机燃油供给系统一旦发生故障将会引起燃油压力异常，将进一步影响发动机的使用性能。作为一名汽车维修技师，要经常对燃油供给系统进行维护和检修。在维修之前，必须对发动机燃油供给系统的功用、基本组成和工作原理进行学习，才能对故障现象进行有针对性的检查与排除。

一、相关知识

1. 燃油供给系统的功用

发动机燃油供给系统的功用是根据发动机各工况的要求向燃油分配管供给一定压力的燃油，并由电子控制单元（ECU）控制喷油器，将燃油以高压雾状喷出，与空气形成可燃混合气，提供给发动机，并对可燃混合气的供给量及其浓度进行有效控制，以确保向发动机提供清洁的、具有适当压力并经精确计量的燃油。

2. 燃油供给系统的基本组成及工作原理

发动机燃油供给系统主要由燃油箱、燃油泵、燃油滤清器、燃油分配管、喷油器、燃油压力调节器、油压脉动阻尼器等组成。不同类型的发动机，其燃油供给系统的结构会有细微差异，但是主要结构差异不大。发动机燃油供给系统的组成如图 5-1 所示。

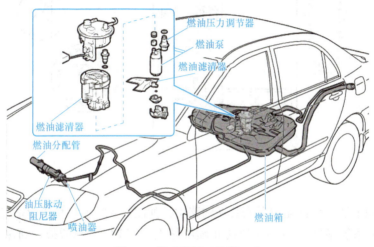

图 5-1　燃油供给系统的组成

如图 5-2 所示，燃油泵将燃油从燃油箱中吸出并加压后，经燃油滤清器过滤杂质，通过管道输送至燃油分配管，由燃油压力调节器使燃油分配管中的燃油压力与进气歧管压力的差

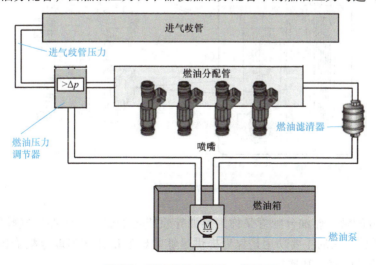

图 5-2　燃油供给系统的工作原理

值保持恒定（燃油压力一般比进气歧管压力高 250~300kPa），然后在 ECU 的控制下（喷油开始时刻和喷油持续时间）由喷油器的喷嘴向各进气管中喷射燃油，多余的燃油经燃油压力调节器流回燃油箱。

（1）燃油泵　电控燃料系统的燃油泵如图 5-3 所示，主要由电动机、单向阀、安全阀、叶轮等组成。燃油泵一般安装在燃油箱内，它将燃油从燃油箱中吸出，经过燃油滤清器除去杂质后，根据发动机不同工况的需求，泵出相应的燃油量和建立相应的燃油压力，并送至燃油分配管。为了防止发动机因供油不足及高温而产生气阻，燃油泵的最高输出油压需要在 470kPa 左右。

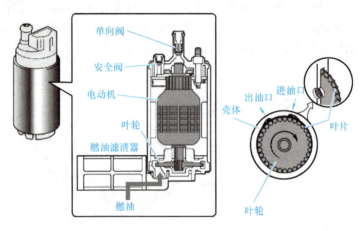

图 5-3　燃油泵

（2）燃油滤清器　燃油滤清器安装在油路中，如图 5-4 所示。其功用是把燃油中的杂物去除，防止燃油系统堵塞（特别是要防止喷嘴堵塞），减少机械磨损，确保发动机稳定运行，提高发动机的运行可靠性。

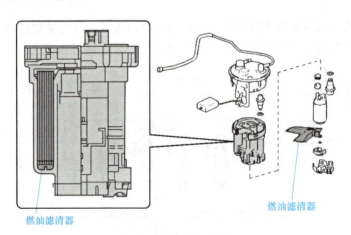

图 5-4　燃油滤清器

（3）燃油分配管　燃油分配管又称为燃油导轨或者油轨，安装在进气歧管上的喷油器处，如图 5-5 所示。它的主要功用是保证提供足够的燃油量并均匀地分配给各缸的喷油器，同时实现各喷油器的安装和连接。

项目5 燃油供给系统的检测与维修

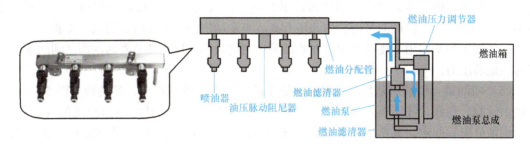

图 5-5 燃油分配管

（4）燃油压力调节器 在燃油供给系统中，进气歧管内的压力是随发动机转速和负荷的变化而变化的，要保持恒定的喷油压差，必须根据进气歧管内压力的变化来调节燃油压力。如图 5-6 所示，燃油压力调节器可以根据进气歧管压力的变化来调节系统油压（即燃油分配管内油压），使两者的压力差保持恒定（一般为 250～300kPa）。

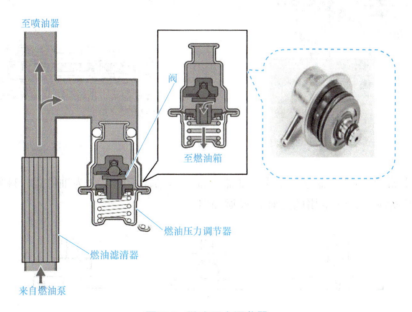

图 5-6 燃油压力调节器

燃油压力调节器位于燃油分配管的一端或与燃油泵一体安装于燃油箱内，主要由膜片、弹簧和回油阀等组成，其结构如图 5-7 所示。膜片将燃油压力调节器分隔成上下两个腔，上腔通过软管与进气歧管相通，下腔通过进油口连接燃油分配管，回油口与燃油箱连通。这样，膜片上方承受的压力（为弹簧的弹力和进气歧管内气体的压力之和）等于膜片下方承受的油压。

如图 5-7 所示，当发动机工作时，由于燃油泵送来的燃油量远大于喷射所需的燃油量，故在油压作用下膜片移向弹簧室一侧，阀门打开，部分燃油流回油箱，燃油分配管内保持一定的油压，此时膜片上、下压力处于平衡状态。

当进气歧管内气体压力下降（真空度增大）时，膜片向上移动，使回油阀开度增大，回油量增加，从而使燃油分配管内油压下降，保持与变化了的进气歧管压力差值恒定；反之，当进气歧管内的压力升高（真空度降低）时，膜片带动回油阀向下移动，回油阀开度减小，回油量减少，使燃油分配管内油压升高。当发动机停止工作时，燃油分配管内压力下降，回油阀在弹簧作用下逐渐关闭，使燃油泵单向阀与燃油压力调节器回油阀之间的油路内保持一定的压力。

（5）喷油器 喷油器是发动机燃油供给系统的一个关键执行器，其结构如图 5-8 所示，主要由针阀、柱塞、线圈等组成。喷油器通常安装在各进气歧管或进气道附近的气缸盖上，并用燃油分配管固定，其功用是根据 ECU 送来的喷油信号，将燃油呈雾状定时定量喷入进气歧管内。

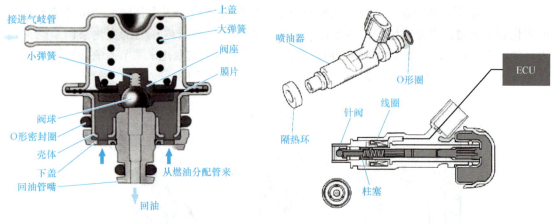

图 5-7 燃油压力调节器的结构　　　　图 5-8 喷油器的结构

发动机上常见的喷油器为电磁式喷油器，按总体结构不同可分为轴针式、球阀式和片阀式，如图 5-9 所示。目前常用的是轴针式喷油器。

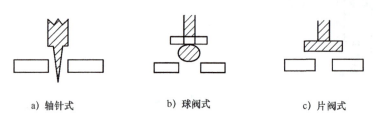

图 5-9 喷油器的形式

轴针式喷油器的结构如图 5-10 所示，由外壳、滤网、线束插接器、电磁线圈、衔铁、针阀、喷油轴针等组成。喷油器在工作时，相当于电磁阀，电磁线圈通电时便产生吸力，将衔铁和针阀吸起，打开喷孔，燃油经针阀头部的喷油轴针与喷孔之间的环形间隙高速喷出，并被粉碎成雾状；电磁线圈不通电时磁力消失，弹簧将衔铁和针阀下压，关闭喷孔，停止喷油。

（6）油压脉动阻尼器 在燃油供给系统中，油压脉动阻尼器一般安装在燃油分配管上，其结构如图 5-11 所示。油压脉动阻尼器的功用就是减小喷油器喷油时油路中油压可能会产生的微小波动，使系统压力保持稳定。

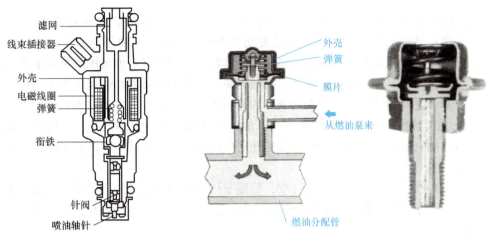

图 5-10 轴针式喷油器的结构　　图 5-11 油压脉动阻尼器的结构

3. 燃油压力的检测

发动机燃油供给系统性能的好坏主要借助燃油压力检测来判断。检测发动机运转时燃油管路内的油压，可以判断燃油泵或燃油压力调节器有无故障、燃油滤清器是否堵塞等。检测燃油压力时，应准备一个量程为 1MPa 左右的油压表及专用的油管接头，按下列步骤检测燃油压力：

（1）系统泄压　起动发动机，在发动机运转中拔下燃油泵继电器（或继电器熔丝、燃油泵电源插头），待发动机自行熄火后，再转动起动开关，如此起动发动机 2~3 次，燃油压力即可完全释放。然后，关闭点火开关，插上燃油泵继电器（或继电器熔丝、燃油泵电源插头）。

（2）安装油压表　拆除蓄电池负极接地线，松开进油管接头（拆开螺栓时，要用一块棉布包住油管接头，以防燃油喷溅），将油压表串接在进油管中，然后擦干溅出的燃油，重新装上蓄电池负极接地线。油压表也可以安装在燃油滤清器油管接头、燃油分配管进油接头，或用三通接头接在燃油管道上便于安装和观察的任何部位，如图 5-12 所示。

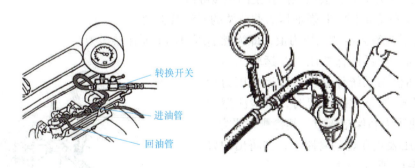

图 5-12 安装油压表

（3）检测油压

1）检测静态油压。不起动发动机，用跨接线连接燃油泵诊断插头上的两个端子，并将点火开关转至"ON"位置，令燃油泵工作，静态油压正常值应在 300kPa 左右。若油压过高，应检查燃油压力调节器；若油压过低，则检查燃油泵、燃油滤清器和燃油压力调节器是否有故障。

2）系统保持压力的检测。关闭点火开关 10min 后，发动机燃油保持压力不应小于 150kPa。如果保持压力小于 150kPa，起动发动机并怠速运转，当油压建立起来后，关闭点火开关，同时关闭油压表开关，继续观察油压表读数是否会下降。如果压力仍然下降，可能的原因有燃油压力调节器阀门密封不严、喷油器滴油、管路有渗漏。如果压力变为正常，则说明油压表开关之前的油路密封存在问题，如管路渗漏、燃油泵出油止回阀关闭不严等。

3）发动机运转时燃油压力的检测。打开油压表开关，起动发动机并怠速运转，拔下燃油压力调节器的真空软管并用手堵住，检测此时的燃油压力。不同车型燃油供给系统的动态油压各不相同。

踩下加速踏板，缓慢增大节气门开度，检测节气门不同开度时的燃油压力，例如桑塔纳 2000GSi AJR 发动机的燃油压力应在 280~300kPa 之间，丰田系列轿车的燃油压力则在 265~304kPa 之间。

拔下燃油压力调节器上的真空管，检测发现怠速时的燃油压力和节气门全开时的燃油压力基本相等，例如桑塔纳 2000GSi AJR 发动机燃油压力的正常值约为 300kPa。重新接上真空管，燃油压力则有 50kPa 的下降。若测得的燃油压力过高，应检查燃油压力调节器及其真空软管。若测得的燃油压力过低，则应检查燃油泵、燃油滤清器及燃油压力调节器。

(4) 拆卸油压表　释放燃油供给系统的油压，拆下蓄电池负极接地线，拆下油压表，重新接好油管接头，再接好蓄电池负极接地线，预置燃油供给系统的油压，最后检查油管各处有无漏油。

4. 燃油压力异常故障的检测

(1) 燃油供给系统保持压力低于标准值（150kPa）　在测量燃油压力的过程中，当燃油供给系统保持压力不符合标准值（低于 150kPa）时，应测量燃油压力调节器保持压力，以便找出故障原因。其测量步骤为：

1）将油压表接入燃油管路。
2）用一根短导线将燃油泵的两个检测插孔短接。
3）打开点火开关（旋至"ON"位置）并保持 10s，使燃油泵运转。
4）关闭点火开关，拔去检测插孔上的短接导线。
5）用包上软布的钳子将燃油压力调节器的回油管夹紧。
6）5min 后观察到的燃油压力值，即为燃油压力调节器保持压力。

(2) 燃油供给系统保持压力及运转压力均异常　当燃油供给系统保持压力及运转压力异常，且怀疑由燃油泵故障引起时，需检测燃油泵的最大泵油压力和保持压力。其检测方法为：

1）将油压表接在燃油管路上，并将出油口塞住，如图 5-13 所示。
2）使用一根导线将燃油泵的两个检测插孔短接。
3）打开点火开关并持续 10s 左右（不要起动发动机），使燃油泵工作，同时读出油压表指示的压力。该压力称为燃油泵的最大泵油压力，它应当比发动机运转时燃油供给系统的动态

图 5-13　燃油泵最大泵油压力和保持压力的检测

油压高 200~300kPa，通常可达 490~640kPa。如不符合标准值，应更换燃油泵。

4）关闭点火开关，5min 后再观察油压表指示的压力，此时的压力称为燃油泵的保持压力，其值应大于 340kPa。如不符合标准值，应更换燃油泵。

（3）常见的燃油压力异常故障　燃油压力异常会造成发动机无法起动、起动困难、怠速不稳、油耗增加等。常见的燃油压力异常故障见表 5-1。

表 5-1　常见的燃油压力异常故障

常见故障	故　障　现　象	主　要　原　因
燃油压力高	发动机怠速高、油耗过高、火花塞积炭严重、排放超标、三元催化转换器发热	燃油压力调节器的真空软管破裂，连接部位漏气；燃油压力调节器失效（卡死、阻塞）；回油管堵塞或回油不畅
燃油压力低	发动机起动困难、怠速不稳、运转无力、易回火	燃油压力调节器不良、燃油泵供油不足、燃油泵进油滤网堵塞、燃油管道破损
燃油压力不稳	发动机怠速不稳、运转不稳、加速无力且发喘	燃油压力调节器不良、燃油泵供油不足或进油滤网堵塞、燃油泵电路接触不良、燃油滤清器或输油管堵塞
无燃油压力	不能起动	燃油泵损坏，燃油泵电路短路、断路、熔丝烧断，燃油泵继电器烧蚀，燃油压力调节器损坏等

5. 燃油供给系统常见故障的检测

（1）燃油泵常见故障的检测　燃油供给系统若要正常工作，则燃油泵应能提供正常的燃油压力，即燃油泵或控制电路必须工作正常。当燃油泵受到一些原因影响时，会导致汽车出现起动困难、怠速不稳、加速不良、行驶无力、走走停停等现象，这些原因一般有：

1）热气阻的影响。

2）脏堵造成泵油量降低。例如燃油箱未定期清洗，造成燃油泵进油口处滤网堵塞，清洗燃油泵和滤网后，泵油量不能恢复正常。

3）泵油能力衰退或失效。多因燃油滤清器脏堵或接反，有时是因加油不及时，造成热负载加大。

4）电刷、弹簧、换向片、绕组发热使磨损加大或电阻值变大。

5）燃油泵转速下降，燃油压力和泵油量也下降。

燃油泵的一般检测方法如下：

1）燃油泵工作情况的检查。先用一根跨接线将故障检测插座上的两个检测插孔短接，然后打开点火开关（不要起动发动机），这时在燃油箱处应能听到燃油泵运转的声音。若听不清运转的声音，可用手捏住燃油软管，应能感到有输油压力。否则，表明燃油泵不工作，应检查燃油泵电源熔断器、继电器和控制电路有无故障。如果都正常，则应拆检燃油泵。

2）检测燃油泵的电阻。用万用表的电阻档测量燃油泵上两个接线端子的电阻（线圈），其阻值应为 2~3Ω（20~40℃），否则，应更换燃油泵。

3）燃油泵压力和保持压力的测量。如果测量得到的燃油泵压力和保持压力高于规定值，则应更换燃油压力调节器；如果低于规定值，则应检查输油软管和连接处有无漏油，以及检查燃油泵、燃油滤清器和燃油压力调节器等是否正常。

（2）燃油压力调节器常见故障的检修　通常，点火系统故障，燃油供给系统故障，以及喷油器、节气门体和怠速电动机不干净等都会导致燃油压力调节器故障，从而导致汽车不容易点火、燃油受到污染等故障。

燃油压力调节器的常见故障有：

1）真空膜片损坏或有裂纹，燃油从此处渗出，然后通过真空管进入进气道，影响燃油压力调节器的回油量，最终使发动机的喷油量不准确。

2）回位弹簧弹力减弱，导致燃油供给系统压力变小。

3）接进气歧管的软管漏气，导致燃油压力不能随进气歧管真空度变化而变化。

4）阀体关闭不严，导致燃油供给系统压力变小。

5）管路堵塞，导致燃油供给系统压力升高。

（3）喷油器常见故障的检测 喷油器在长时间的喷射过程中，会不可避免地产生磨损，又因为喷油器在高温高压下工作，很可能会出现积炭或胶质物堵塞喷嘴等现象，而这些现象会造成发动机不能起动或起动困难、动力下降、加速迟缓、怠速不稳、容易熄火及排气管冒黑烟等不良情况。

喷油器的常见故障有不喷油、喷油雾化不良、漏油等。这些故障的主要原因是受到发动机运转时高温的影响，燃油中所含的树脂、树脂烯烃等物质会逐渐附着在喷油器末端细小的喷孔上，造成喷油器堵塞，影响燃油的正常通过和雾化。另外，劣质燃油中含有的水分极易使喷油器针阀锈蚀，导致卡滞，造成喷油器漏油或不喷油。喷油器电磁线圈老化或短路、控制电路接触不良或短路及ECU内部故障均可造成喷油器不喷油。

可以采用下面几种方式对喷油器故障进行检测：

1）喷油器工作声音的测听。起动发动机，暖车到正常的工作温度，然后使其怠速运转，用听诊器测听各气缸喷油器工作的声音，可能遇到的情况有3种：

① 发动机运转时应该能听到喷油器有节奏的"嗒嗒"声，这是喷油器在电脉冲作用下的工作声（可用拔掉喷油器线束插头后测听响声是否消失的方法，来确认是否为喷油器工作的声音）。如果各气缸喷油器的工作声音清脆均匀，则说明各喷油器工作正常。

② 若某气缸喷油器的工作声音很小，则说明该喷油器的工作不正常，可能是针阀卡滞，应该进一步检查。

③ 若听不到某气缸喷油器的工作声音，则说明该喷油器不工作。对此，应检查喷油器控制电路，测量喷油器电磁阀的电阻值。若控制电路及电磁线圈均正常，则说明喷油器针阀完全卡死，应更换喷油器。

2）断缸检查。发动机起动后，暖车到正常工作状态，然后使其怠速运转，依次拔下各气缸喷油器的线束插头，使喷油器停止喷油，进行断缸检查，可能遇到的情况有2种：

① 若拔下某气缸喷油器的线束插头后，发动机转速有明显下降，则说明该喷油器工作正常。

② 若拔下某气缸喷油器的线束插头后，发动机转速无明显变化，则说明该气缸工作不良或不工作。

3）喷油器控制电路故障的检查。喷油器控制电路的故障有3种情况：

① 给喷油器提供电源的电路出现故障。可以打开点火开关，拔下某气缸喷油器的线束插头，测量线束插头的两个插孔，应至少有一个插孔的电源电压为12V。否则，说明喷油器的电源线有断路，可以进一步查看电源线熔丝是否被烧断，以及发动机电源系统是否有故障。如果发动机电源系统或者熔丝没有故障，则说明发动机电源到喷油器的电路可能有断路。

② 从喷油器出来的反馈电路出现了故障。若给喷油器提供电源的线路没问题，就应该

检测喷油器到 ECU 的线路是否断路。检查时应先关闭点火开关，拔下各个喷油器的线束插头，按照所维修车型维修资料上的 ECU 各端子布置图，用万用表测量各个喷油器至 ECU 的线路有无短路。如果没有维修资料，也可以依次测量 ECU 线束插头中的各个端子，其中应至少有一个端子和喷油器线束插头与 ECU 连接的端子相通，否则，说明喷油器到 ECU 的线路有断路，查出后修复即可。

③ 汽车 ECU 的喷油控制功能失效。如果喷油器的供电线路和喷油器到 ECU 的线路没故障，而喷油器仍不喷油，则说明发动机 ECU 有故障，其喷油控制功能失效。ECU 控制功能失效的主要原因是 ECU 中的某些分立元件（如二极管、晶体管、电阻等）故障。导致 ECU 喷油控制功能失效的原因是 ECU 中驱动喷油器的开关晶体管损坏。此时，可以取出集成电路板，先根据该车型的维修资料确定 ECU 接线插头上和喷油器连接的端子，再顺着集成电路板上的印刷电路找到 ECU 中的开关晶体管，用万用表测量这些晶体管，看是否正常。如果晶体管不正常，可以更换一个相同型号的晶体管。

二、数字教学资源

请扫描下方二维码观看。

燃油压力异常检测与维修（微课）　　燃油压力异常检测（技能）　　燃油供给系统的工作原理

三、任务实施

根据本班级学生人数、实训设备台架数进行分组，每组选出一名负责人，负责人对本小组任务所涉及的操作要点、安全、质量、检查等任务要点进行分配。组员根据任务相关知识、维修手册、数字教学资源，按个人职责要求完成相关任务内容，并填写表 5-2。

表 5-2　发动机燃油供给系统燃油压力异常的检测学习工作页

客服信息	姓名		联系电话	
车辆信息	车型	VIN 码		行驶里程
客户描述	车辆无法起动，不着车 ☐ 发动机起动困难 ☐ 车辆上坡时熄火 ☐ 其他：			

（续）

工作任务	发动机燃油供给系统燃油压力异常的检测
发动机燃油供给系统燃油压力异常检测数据记录	
处理意见	

小组职责分工	
姓名	职务	主要职责
	组长	
	安全员	
	质量员	
	监督员	
	工具管理员	
	操作员	
	检查员	
	记录员	

作业计划

序号	作业项目	所需工具	安全注意要点	技术要求

实施情况

序号	作业项目	主要技术参数记录	工具选用是否合理	操作是否安全	操作是否规范	作业顺序是否合理	是否符合技术要求

（续）

序号	作业项目	实施情况					
		主要技术参数记录	工具选用是否合理	操作是否安全	操作是否规范	作业顺序是否合理	是否符合技术要求

改进建议：

序号	检查项目	检查		
		技术要求	自检结果	互检结果	终检结果

四、评价与反思（见表 5-3）

表 5-3　评价与反思

序号	项目	自评	互评	终评
1	课前学习情况（10 分）			
2	理论知识掌握情况（10 分）			
3	个人职责履行情况（10 分）			
4	作业计划制订完成情况（10 分）			
5	任务实施情况（10 分）			
6	任务检查情况（10 分）			
7	安全防控情况（10 分）			
8	工作素养（5S）（10 分）			
9	团队合作情况（10 分）			
10	沟通协调能力（10 分）			

总结反思：

项目 6

点火系统的检测与维修

任务导入

小李早上驾车长途旅行，车辆运行过程中，仪表显示正常，无故障提示，无异常噪声，但明显感觉发动机动力不足，如果你是汽车维修技师，请问如何排除该车发动机动力不足故障？

任务　点火系统故障的检测与维修

知识目标

1. 能描述点火系统的基本组成及其各组成部件的功用。
2. 能描述点火系统的工作原理。
3. 能描述点火系统故障的原因。

技能目标

1. 会检测点火线圈、曲轴位置传感器、凸轮轴位置传感器和爆燃传感器。
2. 会规范使用检测设备，并使用该设备来检测点火系统的工作状态。
3. 会诊断、排除点火系统的常见故障。

社会能力目标

1. 具有一定的沟通表达能力。
2. 具备分析、解决问题的能力。

任务描述

点火系统是汽油发动机重要的组成部分，点火系统的性能良好与否对发动机的功率、油耗和排气污染等有很大的影响。点火系统通常由蓄电池、点火线圈、火花塞等组成。在检修之前，必须对发动机点火系统的组成、功用和工作原理进行学习，才能对故障现象进行有针对性的检查与排除。

一、相关知识

1. 点火系统的功用

点火系统的功用是在高电压下产生火花,在最佳的正时点燃压缩在气缸内的混合气。根据所收到的由各个传感器发来的信号,发动机 ECU 实施控制,使点火系统可在各种工况和环境条件下获得最佳点火提前角,从而使发动机的动力性、经济性、排放性等均处于最佳状态。

点火系统通过爆燃传感器实现了点火系统的闭环控制,使正常工作的发动机的点火提前角处于爆燃的临界状态(微爆状态),优化了燃烧过程,提高了发动机的动力性。

2. 点火系统正常工作的三要素

汽油发动机点火系统正常工作时,点火系统中所产生的强烈的电火花在最佳点火正时点燃空气燃油混合气。所以,其正常工作的三要素如下:

(1) 强烈的电火花　在点火系统中所产生的强烈的电火花应产生于火花塞电极之间,以便点燃空气燃油混合气。因为空气存在空气电阻,这个电阻随空气高度压缩而增大,所以点火系统必须能产生几万伏的高电压以保证产生强烈的电火花点燃空气燃油混合气。

(2) 正确的点火正时　点火系统必须始终根据发动机的转速和载荷的变化提供正确的点火正时。

(3) 持久的耐用性　点火系统必须具备足够的可靠性才能禁得住发动机产生的振动和高温。

点火系统用点火线圈产生的高电压来产生火花,点燃已经被压缩的空气燃油混合气,混合气燃烧产生发动机的推动力。

如图 6-1 所示,由于自感和互感,点火线圈产生点火所必需的高电压,其一次绕组产生几百伏的电压,二次绕组产生几万伏的高电压。

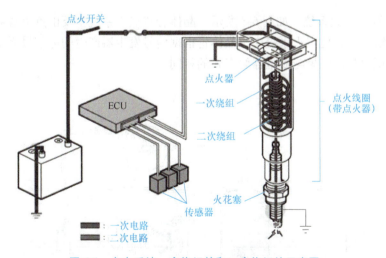

图 6-1　点火系统一次绕组的和二次绕组的示意图

3. 点火系统的类型

(1) 断电器触点式点火系统　如图 6-2 所示,断电器触点式点火系统主要由点火线圈、断电器触点、电容等组成。在该系统中,是通过机械控制来控制一次电流和点火正时的。点火线圈的一次电流受断电器触点的周期性控制。离心式点火提前装置和真空式点火提前装置是控制点火正时的。分电器把二次绕组产生的高电压分配到火花塞。

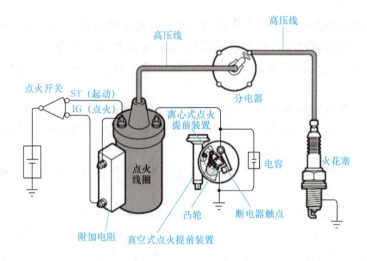

图 6-2　断电器触点式点火系统

> ⚠ **提示**
> 1）断电器触点式点火系统的断电器触点必须经常调整或更换。
> 2）附加电阻用于减少一次绕组的卷绕圈数。在发动机起动时，利用起动机开关上的辅助触头将附加电阻短路，可增大一次电流，提高二次电压，改善发动机的起动性能；在发动机高速运转时，断电器触头闭合时间短，一次电流小，故附加电阻的温度较低，电阻值变小，可防止二次电压降幅变小。

（2）晶体管式点火系统　如图 6-3 所示，晶体管式点火系统主要由点火线圈、信号发生器、晶体管等组成。在此点火系统中，晶体管根据信号发生器产生的电信号周期性地控制一次电流，点火正时控制装置与断电器触点式的相同。

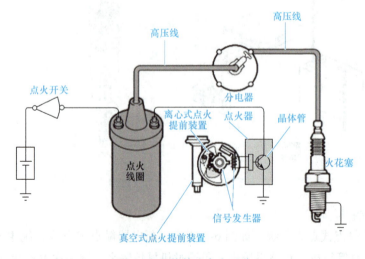

图 6-3　晶体管式点火系统

（3）带电子控制点火提前（ESA）的晶体管式点火系统 如图6-4所示，带电子控制点火提前的晶体管式点火系统主要由点火线圈、传感器、ECU、点火开关等组成。在此点火系统中，离心式点火提前装置和真空式点火提前装置已不再使用，发动机ECU中的电子控制点火提前功能控制着点火正时。

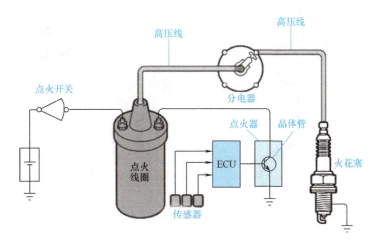

图 6-4 带电子控制点火提前的晶体管式点火系统

（4）直接点火系统（DIS） 如图6-5所示，直接点火系统取消了分电器，使用多个点火线圈直接向火花塞提供高压电。点火正时由发动机ECU中的电子控制点火提前功能控制。这种点火系统在目前的汽油机中占主导地位。

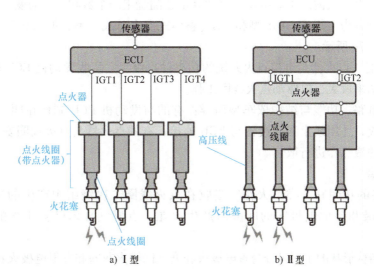

a) Ⅰ型　　　　　　b) Ⅱ型

图 6-5 直接点火系统
IGT—点火信号

 提示

图6-5中，Ⅱ型是两缸同时点火，且压缩行程点火一次，排气行程点火一次。

4. 点火系统的组成

汽油发动机的点火系统主要由点火开关、蓄电池、带点火器的点火线圈、火花塞、发动机 ECU、凸轮轴位置传感器和曲轴位置传感器（CPS）等组成，如图 6-6 所示。

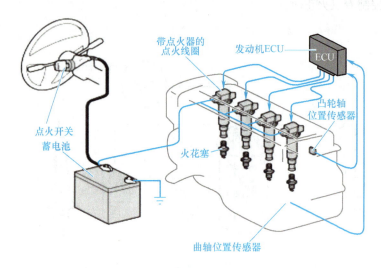

图 6-6　点火系统的组成

（1）点火线圈　点火线圈能提高蓄电池电压（12V），以产生点火所必需的超过 10kV 的高电压。一次绕组和二次绕组互相靠得很近，当在一次绕组上间断地施加电流时，就产生互感现象，使二次绕组内产生高电压，且此高电压随绕组的个数和尺寸而变。

点火线圈可分为常规型、DIS 型和ⅡA（整体式点火总成）型，如图 6-7a 所示。点火线圈的组成如图 6-7b 所示。

（2）点火器　点火器是电控点火系统的功率输出级，它接收发动机 ECU 输出的点火控制信号并进行功率放大，以驱动点火线圈工作。

点火器的电路、功能与结构依车型而异：有的与发动机 ECU 制作在同一块电路板上；有的为独立总成，并用线束和插接器与 ECU 连接；有的点火器与点火线圈安装在一起，并配有较大面积的散热器进行散热。

（3）火花塞

1）火花塞的功用和分类。火花塞接收在点火线圈二次绕组中产生的高电压，并在火花塞中心电极和接地电极间的间隙内产生火花，点燃气缸内已被压缩的空气燃油混合气。

火花塞按结构形状的不同可分为多电极火花塞、凹槽火花塞和发射电极火花塞，如图 6-8 所示。

多电极火花塞包括多个接地电极，所以更经久耐用。它又有二电极、三电极和四电极 3 种类型。

凹槽火花塞包括接地电极和一个带有 U 形或 V 形槽的中心电极。这种槽能使电极外部产生火花，并推动火焰的膨胀，可增强空转、低速和高负载条件下的点火性能。

发射电极火花塞包括伸进燃烧室的电极，可增强燃烧。它只能用于专门为其设计的发动机中。

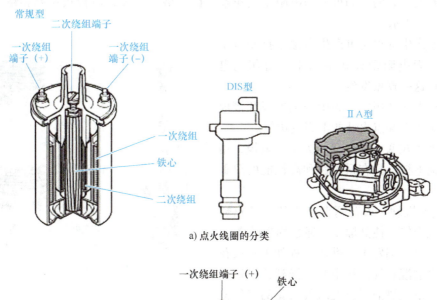

a) 点火线圈的分类

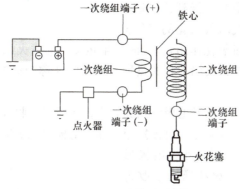

b) 点火线圈的组成

图 6-7　点火线圈的分类及组成

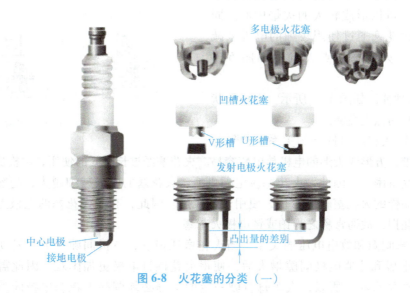

图 6-8　火花塞的分类（一）

火花塞按材料的不同可分为电阻型火花塞、铂（俗称白金）电极火花塞和铱电极火花塞，如图 6-9 所示。

火花塞产生的火花可产生电磁干扰使电子设备失灵，而电阻型火花塞由于含有陶瓷电阻，可防止这一现象发生。

铂电极火花塞用铂作为中心细电极和接地电极，在耐用性和点火性能上表现优越。

铱电极火花塞用铱合金作为中心电极，用铂作为接地电极，具有耐用性和高性能的双重优点。

2）点火机理。火花塞上产生的火花点燃空气燃油混合气，使其爆发，通常称为燃烧。

图 6-9　火花塞的分类（二）

燃烧不会立刻发生，燃烧过程如下：火花穿过空气燃油混合气，从中心电极到达接地电极，结果，空气燃油混合气沿着火花的路径被触发，产生化学反应（通过氧化作用），同时产生热量，形成火焰中心，火焰中心又触发周围的空气燃油混合气。这样，火焰中心的热量向外扩展（称为火焰传播），点燃空气燃油混合气。

如果火花塞电极的温度太低或电极的间隙太小，电极将吸收火花产生的热量，使火焰中心被熄灭，导致缺火；这种现象称为电极猝熄。如果电极猝熄效应比较明显，则火焰中心将被熄灭。电极越小，猝熄作用越小；电极形状越方，越容易放电。某些火花塞为了改善点火性能在接地电极上做一个 U 形槽，或在中心电极上做一个 V 形槽。那些电极上带槽的火花塞比电极上不带槽的火花塞具有较小的猝熄作用，可以形成较大的火焰中心。同样，还有些火花塞通过使用较细的电极来减小猝熄效应。火花塞的点火机理如图 6-10 所示。

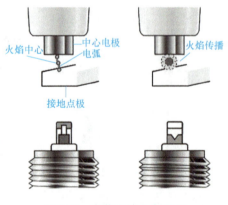

图 6-10　火花塞的点火机理

3）点火性能。如图 6-11 所示，电极形状可影响火花塞的点火性能。

① 电极形状和放电性能的关系。圆形的电极放电困难，方形或尖形的电极放电较容易。火花塞经过长时间的使用，电极成了圆形之后，使放电变得困难。因此，火花塞应定期更换。火花塞的电极越细越尖，越容易产生火花。但是，那样的火花塞耗损较快，使用寿命较短。因此，有些火花塞的电极上使用铂或铱，可更耐耗损，故通常称之为铂或铱电极火花塞。

② 火花塞间隙和放电电压的关系。当火花塞耗损后，电极间隙变大，发动机可能会缺火。中心电极和接地电极间隙增大后，使得火花跳过电极更加困难，因此需要更高的放电电压来产生火花。所以，汽车每行驶一定的里程必须调整火花塞电极间隙或更换火花塞。

4）热值。火花塞的散热量因其形状和材料的不同而不同。火花塞的散热量称为热值，如图 6-12 所示。散热量较大的火花塞称为冷塞，因为火花塞自身保持较少的热量。散热量较大的火花塞称为热塞，因为火花塞自身保持较多的热量。

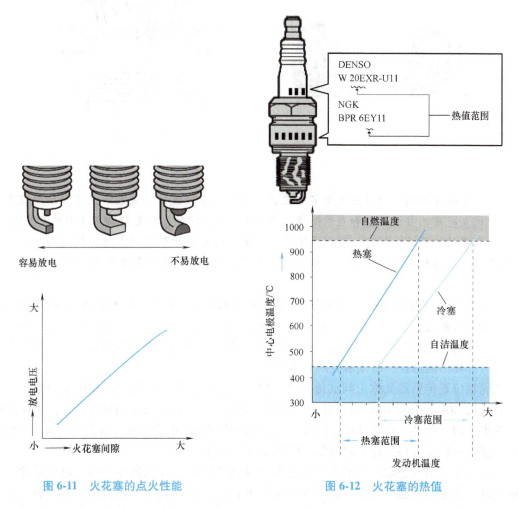

图 6-11　火花塞的点火性能　　　　图 6-12　火花塞的热值

火花塞上打印（刻上）有数字和字母的组合代码，用来说明其构造和性能。代码因生产厂家的不同而稍有不同。通常，热值越大，火花塞越冷，因为它更易散热；热值越小，火花塞越热，因为它不易散热。

火花塞在最小中心电极温度——自洁温度 450℃（842℉）和自燃温度 950℃（1742℉）之间性能最佳。

① 自洁温度。如图 6-13 所示，当火花塞达到一定温度后，它能烧掉聚集在点火区域内的积炭，以保持点火区域的清洁，故此温度称为自洁温度。

火花塞的自洁作用发生在电极温度 450℃（842℉）以上时。如果尚未达到自洁温度，意味着电极温度低于 450℃（842℉），积炭会聚集在点火区域，这将导致火花塞缺火。

② 自燃温度。如果火花塞自身成为热源，不需火花就点燃了空气燃油混合气，则此时的温度称为自燃温度。当火花塞电极温度达到 950℃（1742℉）时会发生自燃，如图 6-14 所示。如果发生这种现象，由于没有正确的点火正时，会导致发动机燃烧恶化。

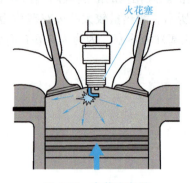

正常自洁　　　　不正常自洁

图 6-13　火花塞的自洁　　　　图 6-14　火花塞自燃

> **提示**
>
> 　　对于特殊车辆，要根据车型来确定最适当的火花塞热值。安装不同类型的火花塞会干扰火花塞的自洁温度和自燃温度。为了避免这些问题，应更换特定类型的火花塞。
> 　　当发动机低速运转时，使用冷塞且处于低负荷时会降低电极温度并使发动机运转不良。当发动机高速运转时，使用热塞且处于高负荷时会增加电极温度并使电极融化。

（4）凸轮轴位置传感器　凸轮轴位置传感器是确定曲轴基准位置和点火基准的传感器。该传感器在曲轴旋转至某一特定的位置（如第 1 缸压缩上止点前某一确定的角度）时，输出一个脉冲信号，发动机 ECU 将这一脉冲信号作为计算曲轴位置的基准信号，再利用曲轴转角信号计算出曲轴任一时刻所处的具体位置。

凸轮轴位置传感器又称为判缸传感器（CIS），其功用是采集配气凸轮轴的位置信号并输入发动机 ECU，以便 ECU 识别第 1 缸压缩上止点，从而进行顺序喷油控制、点火时刻控制和爆燃控制。此外，凸轮轴位置信号还用于发动机起动时识别出第一次点火时刻。凸轮轴位置传感器一般安装在凸轮轴的前部、后部或分电器内。

（5）曲轴位置传感器　曲轴位置传感器将发动机曲轴转过的角度变换为电信号输入发动机 ECU，曲轴每转过一定角度就发出一个脉冲信号，ECU 通过不断检测脉冲个数，即可计算出曲轴转过的角度。与此同时，ECU 根据单位时间内接收到的脉冲个数，即可计算出发动机的转速。在电控点火系统中，发动机曲轴转角信号用来计算具体的点火时刻，转速信号用来计算和读取基本点火提前角。凸轮轴位置信号和曲轴位置信号是保证 ECU 控制电子点火系统正常工作最基本的信号。

曲轴位置传感器又称为发动机转速与曲轴转角传感器，其功用是采集曲轴转动角度和发动机转速信号并输入发动机 ECU，以便确定点火时刻和喷油时刻。曲轴位置传感器安装在曲轴的前部、中部或飞轮上。

曲轴位置传感器与凸轮轴位置传感器的相互关系描述为：

在发动机起动时，发动机 ECU 接收曲轴位置传感器信号后还不能控制点火线圈工作，还要接收凸轮轴位置传感器的参考信号才能按顺序控制点火。

参与点火控制的凸轮轴位置传感器若在发动机运转过程中被拔掉，发动机照常运转；但重新起动时，则需要重复起动几次，即凸轮轴位置传感器的损坏不会造成发动机不能起动。

独立点火、顺序喷射的直列发动机既要安装曲轴位置传感器，又要安装凸轮轴位置传感器。

V 型发动机无论是同时点火还是独立点火，也无论是分组喷射还是顺序喷射，都需要安装曲轴位置传感器和凸轮轴位置传感器。

（6）发动机 ECU　　现代汽车发动机大多数都采用集中控制系统，电控点火系统是其子系统。ECU 既是燃油喷射控制系统的控制核心，也是点火控制系统的控制核心。在 ECU 的只读存储器（ROM）中，除存储有监控和自检等程序之外，还存储有由台架试验测定的该型发动机在各种工况下的最佳点火提前角。随机存储器（RAM）用来存储 ECU 工作时暂时需要存储的数据，如输入和输出数据、单片机运算得出的结果、故障码（DTC）、点火提前角修正数等，这些数据根据需要可随时调用或被新的数据改写。ECU 不断接收上述各种传感器发送的信号，并按预先编制的程序进行计算和判断后，向点火控制器发出接通与切断点火线圈一次电路的控制信号。

5. 点火正时控制的必要性

在汽油发动机中，空气燃油混合气被点燃，混合气燃烧产生的爆发力推动活塞下行。当最大燃烧爆发力发生在压缩上止点后 10° 时，热能可以最有效地转化为推动力。发动机不能在点火的同时产生最大爆发力，反而在点火时刻稍微往后时能够产生最大的爆发力。因此，为使最大爆发力发生在上止点后 10° 时，点火时刻应该有所提前。点火正时的调整可以使发动机随时根据工况在上止点后 10° 产生最大爆发力，如图 6-15 所示。

因此，点火系统必须能够根据工况在正确时刻点燃空气燃油混合气，使发动机能够产生最有效的爆发力。

（1）滞燃期　　点火之后，空气燃油混合气不能立刻燃烧，而是从火花附近的小范围（火焰中心）开始燃烧，然后扩展到周围区域。

从空气燃油混合气被点火那一刻到混合气燃烧这段时间称为滞燃期，即图 6-16 中的 AB 段。

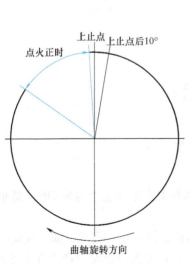

图 6-15　点火正时控制示意图

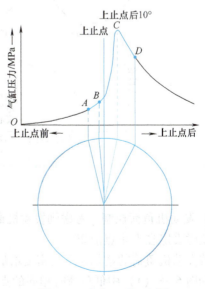

图 6-16　点火正时示意图

实际上滞燃期是恒定的，它不受发动机工况变化的影响。

（2）火焰传播期　火焰中心形成后，火焰逐渐向外扩展，其扩展速度称为火焰传播速度，其周期称为火焰传播期，即图6-16中的 *BCD* 段。

进气量大时，单位容积内的混合气变多，因此，空气燃油混合气中微粒之间的距离减小，从而加速了火焰的传播。并且，空气燃油混合气的涡流越强，火焰传播速度越快。火焰传播速度快的时候，必须减小点火正时的提前量。因此，必须根据发动机的工况控制点火正时。

> ⚠ 提示
>
> 过去，点火系统使用离心式点火提前装置和真空式点火提前装置控制点火正时的提前和延迟，现在大多数点火系统使用电子控制点火提前装置（ESA）。

（3）发动机转速控制　考虑到发动机最大燃烧爆发力产生在上止点后10°时，为使有效输出功率最大，当发动机转速为1000r/min时，最佳点火正时设定在上止点前10°。

又假设发动机的转速提高到2000r/min。而实际上，点火延迟时间不随发动机转速的改变而改变。因此，这时曲轴转角比转速在1000r/min时增加了。如果在2000r/min时使用和图6-17（1）中相同的点火正时，则发动机的最大燃烧爆发力将产生在上止点后10°之后。

因此，为了在2000r/min时使最大燃烧爆发力产生在上止点后10°，点火正时必须提前，以校正最大爆发力时曲轴转角的延迟，如图6-17（2）中所示。点火正时的提前过程称为正时提前。点火正时的延迟过程称为正时延迟。

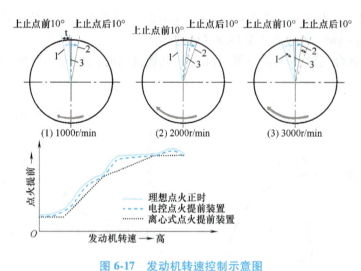

图6-17　发动机转速控制示意图

1—点火正时　2—产生最大燃烧爆发力时刻　3—滞燃期和火焰传播期的界限

（4）发动机负荷控制　考虑到发动机最大燃烧爆发力发生在上止点后10°，低负荷时最佳点火正时设定在上止点前20°。

随着发动机负荷的增加，空气密度增加，火焰的传播期减小。因此，如果发动机高负荷时使用和图6-18（1）中低负荷时相同的点火正时，则最大燃烧爆发力产生在上止点后10°之前。

为了使发动机高负荷时最大燃烧爆发力产生在上止点后10°，点火正时必须被延迟，以校正曲轴转角在图6-18（2）中所示的延迟量。相反，发动机低负荷时，点火正时应当被提前（但是，发动机在怠速时，点火提前量必须很小或保持为零，以防止发生不稳定燃烧）。

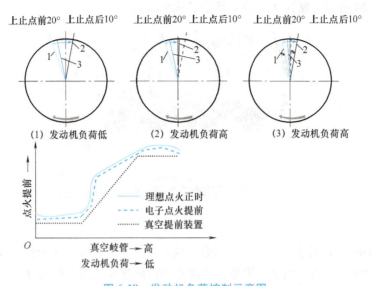

图6-18 发动机负荷控制示意图
1—点火正时 2—产生最大燃烧爆发力时刻 3—滞燃期和火焰传播期的界限

（5）爆燃控制 爆燃是由燃烧室中的空气燃油混合气自燃（炽热点火）导致的。点火被提前时，更易于产生爆燃。

过度爆燃会对发动机性能产生负面影响，例如使燃油消耗率变高、动力下降。相反，轻微的爆燃可以改善发动机的燃油消耗率和动力性。发动机爆燃控制如图6-19所示。

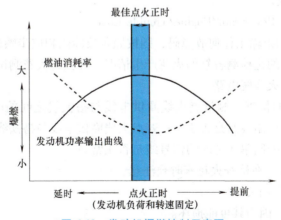

图6-19 发动机爆燃控制示意图

当点火系统的爆燃传感器检测到爆燃时，延迟点火正时；检测不到爆燃时，提前点火正时。通过防止发动机产生爆燃，可改善其动力性和燃油消耗率。

6. 点火系统常见故障的检测与维修

（1）点火线圈的外部检测 查看点火线圈外表面，如发现其胶木盖裂损，接柱松动，滑丝、外壳变形，工作时温度过高，填充物外溢和高压插座接触不良等现象时，说明其质量不良，应更换新件。

（2）点火线圈的拆卸

1）拆卸发动机舱盖分总成。

2）如图6-20所示，断开4个点火线圈总成插接器。

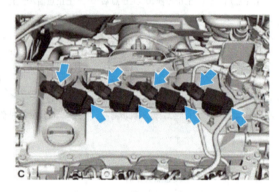

图6-20　点火线圈总成插接器

3）使用8mm套筒扳手，从气缸盖罩分总成上拆下4个螺栓和4个点火线圈总成。如果点火线圈总成卡滞或掉落，则将其更换，且按正确的顺序安放拆下的部件。

4）拆卸火花塞，从气缸盖分总成上拆下4个火花塞。

（3）点火线圈总成的检查

1）检查并确认点火线圈总成插接器连接牢固。

2）在各点火线圈总成上执行火花测试。

① 将故障诊断仪（GTS）连接到DLC3（故障诊断口）。

② 将点火开关转到"ON"位。

③ 打开故障诊断仪。

④ 进入以下菜单：Powertrain/Engine/Trouble Codes。

⑤ 检查故障码。如果输出任何故障码，则按照各故障码相应步骤进行故障排除。

执行火花测试的目的是检测各缸的火花产生情况。在执行火花测试时，如果任何气缸内都没有火花，则检查点火线圈电路。

3）点火线圈电路的检查。测量点火线圈供电线与搭铁线之间的电压，若不符合规定，检测点火线圈继电器及控制线路是否正常；若点火线圈供电线与搭铁线之间的电压正常，则检测点火线圈至发动机控制单元之间的信号线是否正常。

（4）火花塞的检查　在检查火花塞时须注意：

1）不要损坏铱尖和铂尖。

2）目视检查铱尖，因为其可能损坏。

3）不要尝试调节旧火花塞的电极间隙。

4）如果由于沉积物等导致电极脏污，则更换新的火花塞。

5）如果火花塞彻底损坏，则更换新的火花塞。

6）如果火花塞受过敲击或掉落，则更换新的火花塞。

7）更换新的火花塞时，不要拆下盖以保护火花塞尖，直至将其安装到发动机上。

安装火花塞前,应对火花塞进行以下检查。

① 如图 6-21 所示,使用绝缘电阻表测量火花塞(端子部件)与车身接地间的绝缘电阻,其值应始终为 10MΩ 或更大。

② 如果结果不符合规定,则用火花塞清洁剂进行清洁并再次测量绝缘电阻。

③ 如果没有绝缘电阻表,也可进行下列简易检查。

④ 起动发动机。

⑤ 使发动机转速快速增加到 4000r/min,反复进行 5 次。

⑥ 拆下火花塞。

⑦ 目视检查火花塞:如果电极是干的,则表明火花塞工作正常;如果电极是湿的,则进到下一步。

⑧ 检查火花塞的螺纹和绝缘垫是否损坏,如果有任何损坏,则更换火花塞。

⑨ 检查火花塞的电极间隙。旧火花塞的最大电极间隙为 1.2mm(0.0472in)。如图 6-22 所示,如果火花塞的电极间隙大于最大值,则应更换火花塞,不要尝试调节旧火花塞的电极间隙。

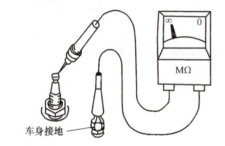

图 6-21 火花塞与车身接地间绝缘电阻的测量

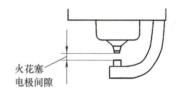

图 6-22 火花塞电极间隙的测量

新火花塞的标准电极间隙为 0.7~0.8mm(0.0276~0.0315 in)。

⑩ 安装火花塞。按照与拆卸火花塞相反的顺序安装火花塞。

二、数字教学资源

请扫描下方二维码观看。

点火系统故障检测与维修(微课)　　点火系统故障检测与维修(技能)

三、任务实施

根据本班级学生人数、实训设备台架数进行分组,每组选出一名负责人,负责人对本小组任务所涉及的操作要点、安全、质量、检查等任务要点进行分配。组员根据任务相关知识、维修手册、数字教学资源,按个人职责要求完成相关任务内容,并填写表 6-1。

表 6-1　发动机点火系统故障的检测与维修学习工作页

客服信息	姓名		联系电话	
车辆信息	车型	VIN 码	行驶里程	
客户描述	车辆无法起动，不着车 □ 发动机怠速不稳 □ 发动机间断熄火 □ 其他：			
	车辆外观检查		车辆内部检查	
凹凸			燃油量	内饰
划痕				
石击				
工作任务	发动机点火系统故障的检测与维修			
发动机点火系统故障检测与维修数据记录				
处理意见				

小组职责分工			
姓名	职务	主要职责	
	组长		
	安全员		
	质量员		
	监督员		
	工具管理员		
	操作员		
	检查员		
	记录员		

作业计划					
序号	作业项目	所需工具	安全注意要点	技术要求	

（续）

序号	作业项目	实施情况					
		主要技术参数记录	工具选用是否合理	操作是否安全	操作是否规范	作业顺序是否合理	是否符合技术要求

改进建议：

序号	检查项目	检查		
		技术要求	自检结果	互检结果	终检结果

四、评价与反思（见表6-2）

表6-2 评价与反思

序号	项目	自评	互评	终评
1	课前学习情况（10分）			
2	理论知识掌握情况（10分）			
3	个人职责履行情况（10分）			
4	作业计划制订完成情况（10分）			

（续）

序　号	项　　目	自　评	互　评	终　评
5	任务实施情况（10分）			
6	任务检查情况（10分）			
7	安全防控情况（10分）			
8	工作素养（5S）（10分）			
9	团队合作情况（10分）			
10	沟通协调能力（10分）			

总结反思：

项目 7

润滑系统的检测与维修

任务导入

小王早上准备开车去工作，车起动后，机油压力警告灯一直点亮，踩加速踏板也不熄灭，该车发动机是否正常？是否可以继续行驶？机油压力警告灯在发动机起动后一直点亮是什么原因？如何排除该故障？如果你是汽车维修技师，请给小王提供建议。

任务 1 机油压力的检测

知识目标

1. 能描述润滑系统的功用、组成及工作原理。
2. 能描述润滑油路的分布及润滑油的流动轨迹。

技能目标

能够正确使用机油压力表对润滑系统压力进行检测。

社会能力目标

1. 具有一定的沟通表达能力。
2. 具有一定的问题分析、解决能力。

任务描述

检测机油压力是诊断发动机润滑系统工作是否正常最有效的方法。本任务主要介绍发动机润滑系统的基本组成、工作原理，以及机油压力的检测方法。

一、相关知识

1. 润滑系统的功用

润滑系统在发动机工作时，连续不断地把压力足够、温度适当的洁净机油输送到需要润滑、冷却、清洁、密封的零件表面,并在摩擦表面之间形成油膜,减小摩擦阻力和磨损,保护零件免受水、空气和燃气的直接作用,防止零件受到化学及氧化腐蚀,保证发动机正常运行。如果发动机无油运转,会导致发动机运行不良、温度升高、零件磨损加剧,甚至会导致曲轴轴颈与轴瓦高温粘结在一起、活塞卡在气缸中不能上下运动等严重问题。

2. 润滑系统的组成及工作原理

如图 7-1 所示,润滑系统主要由机油泵、油底壳、机油集滤器、机油滤清器、机油压力开关、机油尺、油道组成,它通过机油集滤器、机油滤清器将机油中的杂质滤除。机油泵在发动机驱动下,将润滑油增加一定压力,在压力作用下,润滑油即可顺着油道到达需要润滑、冷却、密封的零件表面。

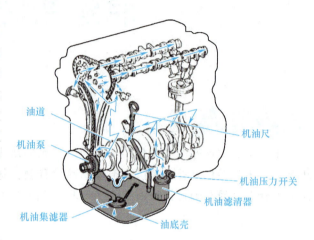

图 7-1 丰田发动机润滑系统示意图

3. 润滑油路

现代汽车发动机润滑系统的油路布置方案大致相似,只是因润滑系统的工作条件和某些具体结构的不同而稍有差别。如图 7-2 所示,润滑油经机油泵加压后,流经机油压力控制阀、机油压力开关,通过机油滤清器后分成两路,一路经活塞冷却喷嘴控制阀后,到达活塞冷却喷嘴冷却活塞,另一路进入主油道,润滑曲轴轴颈、凸轮轴轴颈、涡轮增压器等部件摩擦表面,最后流回油底壳。

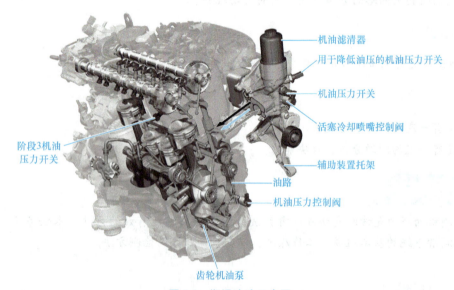

图 7-2 润滑油路示意图

4. 检测机油压力

检测机油压力是诊断润滑系统故障的常见方法。检测机油压力前,先对发动机进行暖机后停止发动机,然后等待 5min,检查并确认发动机机油油位在发动机机油油位计上的低油位和满油位标记之间。如果油位低,则检查发动机机油是否泄漏,并添加发动机机油到满油位标记处。同时,检查发动机机油是否变质、掺水、变色或变稀。如果机油质量明显低劣,则更换发动机机油和机油滤清器滤芯。确认机油液位和质量都没问题后,拆下机油压力传感器总成,用转换接头将机油压力表安装在机油压力传感器座孔上,如图 7-3 所示。

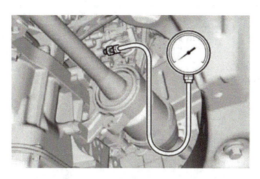

图 7-3　机油压力表安装示意图

起动发动机暖机后,即可检测出机油压力。丰田 A25A-FSK 发动机的标准机油压力见表 7-1。如果检测结果不符合规定,则检查发动机机油的质量并检查油道是否阻塞,如有必要,可进行修理或更换。之后,如果发动机机油压力仍不符合规定,则检查机油泵总成。

表 7-1　丰田 A25A-FSK 发动机的标准机油压力

运行条件	标准机油压力
怠速运转	60kPa（0.6kgf/cm^2,8.7psi）或更高
2000r/min	190kPa（1.9kgf/cm^2,28psi）或更高
4000r/min	300kPa（3.1kgf/cm^2,44psi）或更高

检测机油压力时应注意:发动机运转或点火开关转到"ON"的情况下对发动机室实施作业时,确保双手和衣物远离 V 带和冷却风扇,以避免因接触正在工作的 V 带或冷却风扇而受到伤害。发动机处于热态时,为避免烧伤,不要触摸发动机、排气歧管或其他高温组件,不要拆下机油压力表或机油压力传感器总成。

二、数字教学资源

请扫描下方二维码观看。

机油压力检测（微课）

发动机机油压力检测（技能）

三、任务实施

根据本班级学生人数、实训设备台架数进行分组，每组选出一名负责人，负责人对本小组任务所涉及的操作要点、安全、质量、检查等任务要点进行分配。组员根据任务相关知识、维修手册、数字教学资源，按个人职责要求完成相关任务内容，并填写表7-2。

表7-2 发动机机油压力的检测学习工作页

客服信息	姓名		联系电话	
车辆信息	车型	VIN码		行驶里程
客户描述	车辆无法起动，不着车 □ 发动机起动困难 □ 车辆上坡时熄火 □ 其他：			
	车辆外观检查		车辆内部检查	
凹凸			内饰	
划痕			燃油量	
石击				
工作任务	发动机机油压力的检测			
发动机机油压力检测数据记录				
处理意见				
小组职责分工				
姓名	职务		主要职责	
	组长			
	安全员			
	质量员			
	监督员			
	工具管理员			
	操作员			
	检查员			
	记录员			

（续）

作业计划					
序号	作业项目	所需工具	安全注意要点	技术要求

实施情况						
序号	作业项目	主要技术参数记录	工具选用是否合理	操作是否安全	操作是否规范	作业顺序是否合理	是否符合技术要求

改进建议：

检查				
序号	检查项目	技术要求	自检结果	互检结果	终检结果

四、评价与反思（见表 7-3）

表 7-3 评价与反思

序号	项目	自评	互评	终评
1	课前学习情况（10分）			
2	理论知识掌握情况（10分）			
3	个人职责履行情况（10分）			
4	作业计划制订完成情况（10分）			
5	任务实施情况（10分）			
6	任务检查情况（10分）			
7	安全防控情况（10分）			
8	工作素养（5S）（10分）			
9	团队合作情况（10分）			
10	沟通协调能力（10分）			

总结反思：

任务 2　机油压力偏低故障的诊断与维修

知识目标

1. 能描述润滑系统常见故障的故障现象及故障原因。
2. 能诊断分析润滑系统的常见故障。

技能目标

1. 会分析润滑系统常见故障的故障现象及故障原因。
2. 会诊断润滑系统的常见故障。

社会能力目标

1. 具有良好的职业素养。
2. 具有工匠精神及作风。
3. 吃苦耐劳，善于学习。
4. 会分析、解决问题。
5. 善于沟通与合作。

项目7 润滑系统的检测与维修

任务描述

机油压力偏低是发动机润滑系统的常见故障。本任务主要分析机油压力偏低的原因，介绍机油压力偏低故障的诊断和维修方法。

一、相关知识

1. 机油泵

机油泵将机油从油底壳吸入泵内，加压后输入油道，并使机油在压力作用下到达需要冷却、润滑、清洁的零件表面。机油泵通常安装在曲轴箱内，因机油泵驱动方式的不同，安装位置有所不同。机油泵主要有转子式和齿轮式两种。如图7-4所示，转子式机油泵由壳体、主动转子和不同轴的从动转子组成，主动转子用曲轴驱动。转子的旋转运动引起转子之间的间隙变化，从而形成真空，将油底壳内的机油吸入泵内，实现加压功能。泵中设有溢流阀，用于防止油压超过预定值。当机油压力超过规定值时，溢流阀开启，机油压力便会下降。齿轮式机油泵的主动齿轮随着曲轴旋转时，主动齿轮与从动齿轮间的间隙也发生改变，齿侧面和月牙块之间的油即被加压。

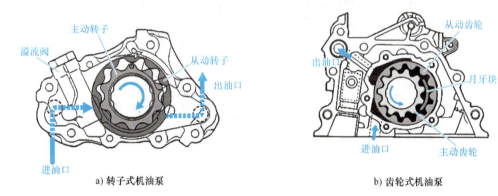

a) 转子式机油泵　　　　　　　　b) 齿轮式机油泵

图7-4　机油泵的形式

2. 机油滤清器

机油滤清器用于滤除发动机机油中的污染物（如金属颗粒等），并保持机油洁净。如图7-5所示，它有一个单向阀，当发动机停机时可使机油保持在机油滤清器中，这样发动机起动时机油滤清器中就总有油。它还有一个溢流阀，当机油滤清器堵塞时，溢流阀打开，机油可不经滤芯直接进入发动机润滑油道。机油滤清器是需要定期更换的零件，达到规定行驶里程时要整体更换。

3. 机油压力警告灯

此装置警告驾驶员机油泵产生的油压是否正常，是否正常地输送到了发动机的各个部分。油路中的油压开关（机油压力传感器）监控油压状态，并且若发动机起动后油压不增加，机油压力警告灯就在仪表盘上常亮，以对驾驶员发出警告，如图7-6所示。

4. 机油压力偏低故障的故障现象

1) 发动机起动后，发动机噪声偏大。
2) 发动机起动后，机油压力警告灯常亮。

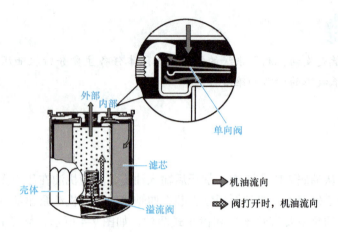

图 7-5 机油滤清器

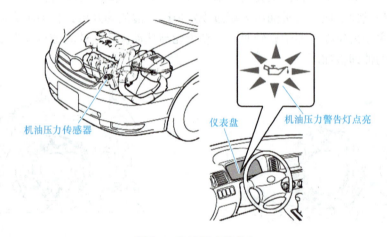

图 7-6 机油压力警告灯

5. 机油压力偏低故障的故障原因

1）机油油量严重不足。

2）机油黏度过低。

3）机油限压阀调整不当或损坏。

4）机油滤清器堵塞。

5）机油泵磨损严重，致使供油压力下降。

6）曲轴主轴承、连杆轴承或凸轮轴轴承间隙偏小。

7）润滑系统油道某处泄压量过大。

8）机油压力传感器损坏。

6. 故障的诊断与维修方法

1）发动机起动后，若发动机噪声较大、机油压力警告灯常亮，应立即关闭发动机，否则，机油压力偏低很可能会导致曲轴抱死、活塞拉缸等较大问题。接下来要检查发动机机油，应拉出机油尺，观察机油颜色是否正常、油量是否足够，机油中是否有金属粉末或杂质、是否含有水或燃油。若机油量不足，则应添加足量的机油；若机油颜色呈乳白色，则应检查冷却系统是否有密封性故障；若机油中有大量金属粉末，则应检查曲轴主轴承、连杆轴承是否磨损。

2）若检查发动机机油未发现异常，则打开发动机机油加注口盖，起动发动机后观察气门室内是否有润滑油飞溅。如果机油飞溅的速度和量都正常，则连接故障诊断仪，读取故障码、机油压力等数据，若存在任何故障码，则按照各故障码相应步骤进行故障排除。

3）如发动机起动后气门室内机油飞溅量偏少，或用故障诊断仪检测发动机未发现故障码，则拆下机油压力传感器总成，安装机油压力表检测发动机机油压力。如果机油压力表检测到的机油压力正常，则更换机油压力传感器；如果检测到的机油压力低于规定值，则更换机油滤清器后再进行检测，若机油压力仍低于规定值，则需进一步检测机油泵、曲轴主轴承、连杆轴承配合间隙，排查润滑系统油道是否泄漏。

二、数字教学资源

请扫描下方二维码观看。

润滑系统常见故障诊断与维修（微课）　　润滑系统常见故障诊断与维修（技能）　　润滑系统的功用及原理

三、任务实施

根据本班级学生人数、实训设备台架数进行分组，每组选出一名负责人，负责人对本小组任务所涉及的操作要点、安全、质量、检查等任务要点进行分配。组员根据任务相关知识、维修手册、数字教学资源，按个人职责要求完成相关任务内容，并填写表7-4。

表7-4　发动机机油压力偏低故障的诊断与维修学习工作页

客服信息	姓名		联系电话	
车辆信息	车型	VIN码		行驶里程
客户描述	车辆无法起动，不着车　□ 发动机起动困难　　　　□ 车辆上坡时熄火　　　　□ 其他：			

(续)

车辆外观检查		车辆内部检查	
凹凸		燃油量	内饰
划痕			
石击			
工作任务	发动机机油压力偏低故障的诊断与维修		
发动机机油压力偏低故障诊断与维修数据记录			
处理意见			
小组职责分工			
姓名	职务	主要职责	
	组长		
	安全员		
	质量员		
	监督员		
	工具管理员		
	操作员		
	检查员		
	记录员		
作业计划			
序号	作业项目	所需工具	安全注意要点	技术要求

（续）

实施情况							
序号	作业项目	主要技术参数记录	工具选用是否合理	操作是否安全	操作是否规范	作业顺序是否合理	是否符合技术要求

改进建议：

检查					
序号	检查项目	技术要求	自检结果	互检结果	终检结果

四、评价与反思（见表7-5）

表7-5　评价与反思

序号	项目	自评	互评	终评
1	课前学习情况（10分）			
2	理论知识掌握情况（10分）			
3	个人职责履行情况（10分）			
4	作业计划制订完成情况（10分）			

（续）

序号	项目	自评	互评	终评
5	任务实施情况（10分）			
6	任务检查情况（10分）			
7	安全防控情况（10分）			
8	工作素养（5S）（10分）			
9	团队合作情况（10分）			
10	沟通协调能力（10分）			

总结反思：

项目 8

冷却系统的检测与维修

 **任务导入**

小张早上驾车从省城回 100 多公里外的老家，车辆行驶 50km 后，发动机温度偏高，车行驶无力，该车能否继续行驶？发动机温度偏高、车行驶无力的原因是什么？如何解决该问题？如果你是汽车维修技师，请给小张提供解决方案。

 任务 　　冷却系统温度异常故障的检测与维修

知识目标

1. 能描述冷却系统的组成及工作原理。
2. 能描述冷却系统小循环和大循环的工作原理。
3. 能描述冷却系统的功用及失效的影响。
4. 能描述冷却系统常见故障的故障现象及故障原因。

技能目标

1. 能够正确使用红外测温仪、故障解码器等设备检测冷却系统温度。
2. 会正确使用相关设备检测冷却系统密封性。
3. 会诊断、排查冷却系统温度过高或过低故障。
4. 能采取恰当的作业安全防护措施。

社会能力目标

1. 具有良好的职业素养。
2. 具有工匠精神及作风。
3. 吃苦耐劳，善于学习。
4. 会分析、解决问题。
5. 善于沟通与合作。

171

任务描述

发动机冷却液温度异常是车辆行驶过程中经常发生的问题。本任务旨在介绍发动机冷却系统相关知识,帮助大家掌握冷却系统故障的诊断和排除方法,有效应对发动机冷却液温度异常问题。

一、相关知识

1. 冷却系统的功用

发动机运行时会产生大量热量,气门头部温度可达800℃,活塞顶部温度达280℃。发动机长时间在高温条件下工作,会导致润滑油功能下降,零部件配合间隙和机械性能发生改变,如零件表面硬度降低、强度变差等。发动机在低温状态下工作,润滑油流动性较差,零部件配合间隙达不到最佳状态,发动机工作性能也会受影响。发动机冷却系统可使发动机在规定的温度范围内运行,以使活塞和气缸等发动机部件的热负荷保持在限值范围内而不被降低性能,使润滑油不被炽热的发动机部件蒸发或燃烧,不会因温度过高而降低润滑性能,使燃油不会因部件高温而自燃,使零部件配合间隙避免受低温影响。为保证发动机能持续正常工作,冷却系统须将发动机约30%的热量散发出去。

2. 冷却系统的组成及工作原理

如图8-1所示,冷却系统主要由冷却液泵、节温器、散热器、储液罐、冷却液管、冷却风扇等组成。冷却液泵使冷却液在气缸盖和气缸体的水套中循环,冷却液从发动机吸热,并将热量传递给散热器,冷却风扇吸入的新鲜空气经过散热器表面,将散热器的热量带到大气中,冷却液被冷却后又返回到发动机。通过在整个发动机中循环的冷却液,冷却系统把发动机温度调至最佳水平(80~90℃)。

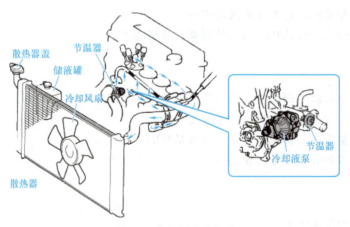

图8-1 冷却系统的组成

(1)散热器 散热器俗称水箱,是汽车发动机冷却系统不可缺少的重要部件。按照散热器中冷却液流动方向的不同,将散热器可分为纵流式和横流式两种;按照散热器芯部结构形式的不同,散热器可分为管片式和管带式两种。管片式散热器的芯部由散热片和许多细的冷却管构成,冷却管大多采用扁圆形截面,以减小空气阻力、增大传热面积。管带式散热器的芯部由波纹状散热带和冷却管相间排列经焊接而成。按照散热器芯部材质的不同,散热器可分为铝质散热器和铜质散热器,前者用于一般乘用车,后者用于大型商用车。

(2)散热器盖 散热器盖安装在散热器上部或储液罐上,带有压力阀和真空阀。压力阀能使冷却系统内保持80kPa压力,可使冷却液的沸腾温度提高到104~108℃,从而达到改善冷却效果的目的。如图8-2所示,当冷却系统出现高温,散热器内压力增加到一定值时,压力阀被打开,冷却液从散热器溢流至储液罐,系统内压力得到释放;当冷却系统温度下降时,冷却系统内会形成一定真空,在压力作用下,真空阀开启,储液罐内的冷却液即可进入散热器,这样可避免冷却液软管收缩。

图8-2 散热器盖

(3)节温器 节温器是快速预热发动机并调节冷却液温度的部件,它位于散热器与发动机之间的通路中,控制散热器与发动机之间的冷却液流量。当前,多数发动机采用蜡式节温器。当冷却液温度低于87℃时,石蜡为固体,节温器在弹簧作用下,阀门关闭,冷却液不能通过节温器,冷却液只能在发动机内部循环,称为小循环,如图8-3所示。当冷却液温度高于87℃时,石蜡逐渐变成液体,随着温度上升,石蜡体积膨胀而产生推力,感应器壳体克服弹簧弹力向上移动,阀门打开,连接散热器的阀打开,以便冷却发动机。当冷却液温度变高时,连接散热器的阀打开,冷却液在散热器和发动机间循环,称为大循环,如图8-4所示。

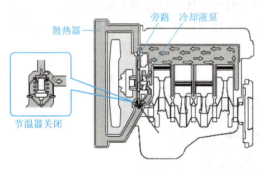

图8-3 小循环

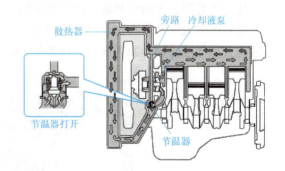

图8-4 大循环

3. 创新型热管理系统

创新型热管理系统是针对发动机和变速器的一项智能冷起动和暖机系统,它可实现全可变发动机温度调节,对冷却液液流进行目标控制。其核心元件是旋转阀组件(见图8-5),它由冷却液泵、两个旋转阀、紧急模式恒温器、用于控制冷却液液流的发动机温度调节执行器、带转向角度传感器的齿轮组成。冷却液泵由平衡轴同步带驱动。两个旋转阀由发动机温度调节执行器驱动。执行器电动机通过一个齿轮驱动旋转阀1。旋转阀1控制冷却液在机油冷却器、发动机和主水冷却器之间流动,发动机越热,执行器电动机驱动旋转阀1旋转的驱动力越大。旋转阀2通过一个中间齿轮由旋转阀1上的齿形门驱动。控制板上的转向角传感器(霍尔式传感器)将旋转阀1的角度发送至发动机ECU。发动机停机且接续运行模式结束后,旋转阀1的角度自动设置为40°。如果系统中有故障,发动机可通过紧急模式恒温器在此角度范围内运行;如果没有故障,且发动机起动,则旋转阀1的角度被设置为160°。

在暖机过程中,发动机的运行经过三个阶段—静态冷却液阶段、少量液流阶段、起动发

图 8-5 旋转阀组件

动机机油冷却器阶段。在各个阶段中,两个旋转阀的角度是不同的,且在每个阶段无缝连接。其目的是尽可能使用气缸内燃油燃烧产生的热量来给发动机加热。如果车辆乘员需要在静态冷却液阶段取暖,则会向车内提供热量。

(1) 暖机(静态冷却液) 为保持发动机内燃烧产生的热量,迅速提高发动机温度,此时旋转阀 2 关闭,中断冷却液泵的供给液流流向发动机气缸体。旋转阀 1 阻止来自发动机机油冷却器的回流以及来自主散热器的回流。自动空调冷却液切断阀中断流向热交换器的冷却液液流,冷却液再循环泵关闭,如图 8-6 所示。

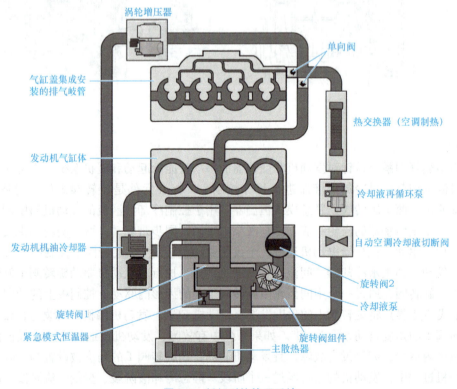

图 8-6 创新型热管理系统

（2）暖机（少量液流） 暖机过程中的控制旨在通过排气歧管的静态冷却液来防止气缸盖和涡轮增压器过热。当旋转阀1的角度为145°时，旋转阀2接合并轻微开启，让冷却液液流流向气缸体。现在，少量冷却液液流流经气缸体、气缸盖和涡轮增压器，流回旋转阀组件和冷却液泵，从而防止热量聚集导致气缸盖、涡轮增压器过热，如图8-7所示。

（3）暖机（少量液流）以及车内供暖 如果在暖机阶段需要对车内供暖，如图8-8所示，则自动空调冷却液切断阀开启，且冷却液再循环泵开始输送液体。旋转阀2暂时中断冷却液流向气缸体，冷却液被导向气缸盖、涡轮增压器和热交换器。这会让发动机的暖机阶段更长。自动空调冷却液切断阀和冷却液再循环泵的激活总是符合后续控制范围的需求，使流到发动机气缸体的冷却液液流减少或在需要时被旋转阀2阻止。

（4）暖机（开启由图谱控制的发动机冷却功能） 在发动机暖机达到一定温度后，开启由图谱控制的发动机冷却功能，如图8-9所示。发动机机油冷却器开启，旋转阀1移至120°角位置，相关连接装置打开，让冷却液流至机油冷却器。因为旋转阀2仍然接合，该阀进一步旋转，从而增加流经气缸体的冷却液液流。发动机气缸体内分布大量热量，余热通过机油冷却器释放出去。

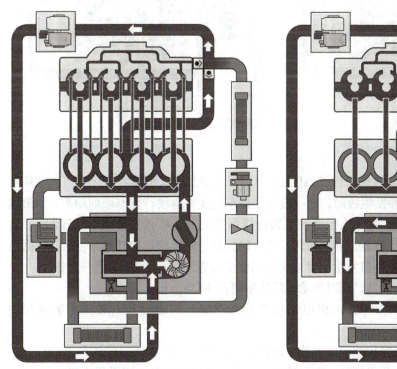

图8-7 暖机（少量液流）　　　　图8-8 暖机（少量液流）以及车内供暖

（5）温度控制范围 创新型热管理系统以无缝方式从暖机范围过渡到温度控制范围。旋转阀组件调节是动态的，而且根据发动机负荷而定。如图8-10所示，为了释放余热，接自旋转阀组件的主散热器连接件打开。为此，发动机温度调节执行器根据需要释放热量的多少，将旋转阀1的角度置于0°～85°。当旋转阀1的角度处于0°时，接至主散热器的连接件完全开启。如果发动机在较低的负荷和转速下（部分负载范围）运行，热管理系统会将冷却液温度调节至107℃。因为不需要全部的冷却力，旋转阀1暂时关闭接至主散热器的连接装置。如果温度上升到门限值以上，接至主散热器的连接装置再次开启。需要稳定地保持在开启和关闭状态，从而将温度尽可能恒定地保持在107℃。当负荷和发动机转速提升时，通过完全打开接至主散热器的连接装置，冷却液温度减至85℃（满负荷范围）。

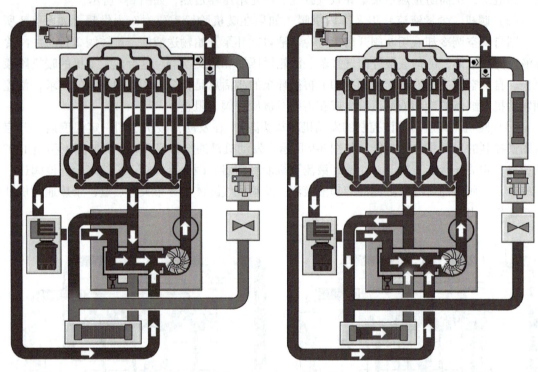

图 8-9　由图谱控制的发动机冷却功能　　　　图 8-10　温度控制范围冷却模式

（6）紧急模式　如果旋转阀组件的温度超过113℃，紧急模式恒温器打开通向主散热器的旁通阀。如果旋转阀组件发生故障，这一设计使得车辆能够继续行驶有限的距离。如果发动机ECU没有从发动机温度调节执行器接收到任何角度反馈，那么它会驱动旋转阀1，这样，无论当前的发动机负荷和运行温度如何，都可确保最佳的发动机冷却效果。在旋转阀组件发生故障的情况下（如电动机发生故障或旋转阀驱动装置卡住），可采取进一步措施：

1）仪表盘上显示故障信息，同时发动机转速限制在4000r/min。

2）警告声和亮起的EPC（发动机电子功率控制系统）灯也会让驾驶员了解到相关情况。

3）以℃为单位的实际冷却液温度以数字形式显示在仪表盘上。

4）自动空调冷却液切断阀打开，冷却液再循环泵起动以确保气缸盖得到冷却。

5）发动机ECU的故障存储器中存储一条故障记录。

如果来自转向角度传感器的角度信号发生故障，发动机ECU会驱动旋转阀转到安全侧，以便达到最大的冷却功效，如图8-11所示。

（7）关闭发动机时的接续运行模式范围　为防止冷却液在发动机停机时在涡轮增压器和气缸盖中沸腾，发动机ECU通过图谱启动接续运行模式，如图8-12所示。在发动机停机后，此模式可运行多达15min。在接续运行模式中，旋转阀1的角度处于160°~255°。接续运行模式中对冷却程度的需求越高，则阀处于越高的角度位置。在255°时，接至主散热器回流管路的连接装置完全打开,因此能传递最大的热量。旋转阀2处于接续运行模式位置,并未接合到旋转阀1中。冷却液再循环泵供给的冷却液分为两股支流,流入冷却液回路。一股支流流过气缸盖,然后流回冷却液再循环泵;另一股支流通过旋转阀1流经涡轮增压器,流至主散热器,同样流回冷却液再循环泵。当处于接续运行模式时,系统不会向气缸体供给冷却液。

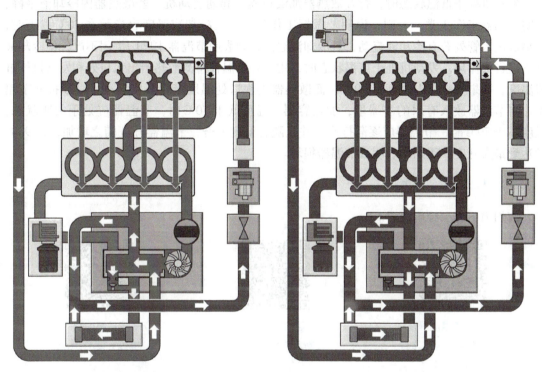

图 8-11　紧急模式　　　　　　　　　　图 8-12　接续运行模式

4. 冷却系统常见故障的故障现象及故障原因

(1) 常见的故障现象　发动机冷却液温度过高,冷却液温度表指针指向高温区域,冷却液沸腾(俗称"开锅"),发动机动力下降明显。

(2) 故障原因
1) 冷却系统密封性差,冷却液泄漏导致冷却液不足。
2) 散热器内芯管堵塞或外部散热孔堵塞,散热效果差。
3) 节温器故障,不能在预定温度开启大循环冷却液道。
4) 冷却液泵工作不良或损坏。
5) 气缸盖、气缸垫、气缸与冷却液道间密封不良,混合气燃烧后的高温气体进入冷却液道。
6) 冷却液道堵塞,冷却液循环不良。
7) 润滑油不足。

(3) 冷却系统故障的诊断与排除　检测冷却系统时应注意安全,发动机和散热器总成仍然很烫时,不要拆下散热器盖分总成,高压、高温的发动机冷却液和蒸气可能被释放出来从而导致严重的烫伤。

发动机冷机时,检查并确认发动机冷却液液位位于上限和下限刻度之间。如果发动机冷却液液位低,则检查是否存在泄漏,并添加发动机冷却液至上限刻度。

接下来检查冷却液是否泄漏。拆下散热器盖分总成，给散热器总成加注发动机冷却液，然后安装散热器盖检测仪，使发动机暖机，加压散热器盖检测仪至103kPa，检查并确认压力没有下降。如果压力下降，应检查软管、散热器总成和发动机冷却液泵总成是否泄漏。如果未发现发动机冷却液泄漏的迹象，应检查加热器芯、气缸体分总成和气缸盖分总成。

发动机处于低温状态时，打开散热器加液口盖，起动发动机，若散热器内冷却液平静，说明节温器工作正常；否则，说明节温器工作失常。当冷却液温度表指示在70℃以下时，散热器进水管处若有冷却液流动，且冷却液温热，则表明节温器主阀门关闭不严，使冷却液过早进行大循环。发动机处于高温状态时，用红外测温仪检测散热器出水口处和发动机气缸盖温度，如果气缸盖温度高于90℃，而散热器出水口处温度接近环境温度，则须拆检节温器。将节温器放入有水的容器里，加热容器，温度低于70℃时，节温器应处于关闭状态；温度高于70℃时，节温器应逐渐打开，并且随着温度上升，节温器开度随之增加，在90℃时达到最大开度。否则，表明该节温器损坏。

二、数字教学资源

请扫描下方二维码观看。

  冷却系统温度异常故障检测与维修（微课） 冷却系统温度异常故障诊断与维修（技能） 冷却系统的功用、类型、工作原理

三、任务实施

根据本班级学生人数、实训设备台架数进行分组，每组选出一名负责人，负责人对本小组任务所涉及的操作要点、安全、质量、检查等任务要点进行分配。组员根据任务相关知识、维修手册、数字教学资源，按个人职责要求完成相关任务内容，并填写表8-1。

表8-1 冷却系统温度异常故障的检测与维修学习工作页

客服信息	姓名		联系电话	
车辆信息	车型	VIN 码		行驶里程
客户描述	车辆无法起动，不着车 □ 发动机起动困难 □ 车辆上坡时熄火 □ 其他：			

（续）

车辆外观检查		车辆内部检查	
凹凸		燃油量	内饰
划痕			
石击			
工作任务	冷却系统温度异常故障的检测与维修		
冷却系统温度异常故障检测与维修数据记录			
处理意见			

小组职责分工			
姓名	职务	主要职责	
	组长		
	安全员		
	质量员		
	监督员		
	工具管理员		
	操作员		
	检查员		
	记录员		

作业计划			
序号	作业项目	所需工具	安全注意要点	技术要求

（续）

序号	作业项目	实施情况					
		主要技术参数记录	工具选用是否合理	操作是否安全	操作是否规范	作业顺序是否合理	是否符合技术要求

改进建议：

序号	检查项目	检查		
		技术要求	自检结果	互检结果	终检结果

四、评价与反思（见表 8-2）

表 8-2　评价与反思

序号	项目	自评	互评	终评
1	课前学习情况（10分）			
2	理论知识掌握情况（10分）			
3	个人职责履行情况（10分）			
4	作业计划制订完成情况（10分）			

（续）

序号	项目	自评	互评	终评
5	任务实施情况（10分）			
6	任务检查情况（10分）			
7	安全防控情况（10分）			
8	工作素养（5S）（10分）			
9	团队合作情况（10分）			
10	沟通协调能力（10分）			

总结反思：

项目 9

进、排气系统的检测与维修

任务导入

小李准备自驾旅行，发动机起动后，底盘发出"突突"声，踩下加速踏板，噪声也随之增大，这噪声来自哪里？该车能否继续行驶？如何排除该故障？如果你是汽车维修技师，请给小李提供解决方案。

任务　进、排气系统的检测与装配

知识目标

1. 能描述进、排气系统的功用及组成，以及装配技术要求。
2. 能描述涡轮增压器的工作原理和检测要点。

技能目标

1. 会正确清洁及更换空气滤清器。
2. 会制订进、排气系统的拆卸、装配方案。
3. 会检测涡轮增压器。
4. 会评价进、排气系统的装配状况。

社会能力目标

1. 具有良好的职业素养。
2. 具有工匠精神及作风。
3. 吃苦耐劳，善于学习。
4. 会分析、解决问题。
5. 善于沟通与合作。

任务描述

进、排气系统是发动机的重要组成部分，其技术状态对发动机性能影响较大，正确装配、检测进、排气系统对提升发动机性能具有重要意义。本任务旨在通过装配、检测发动机进、排气系统，让大家掌握进、排气系统的相关知识和技能。

一、相关知识

1. 进气系统

进气系统的主要功用是为发动机输送清洁、干燥、充足、稳定的空气,以满足发动机的需求,避免空气中的杂质及大颗粒粉尘进入发动机燃烧室造成发动机异常磨损。进气系统的另一个重要功用是降低噪声。进气噪声不仅影响整车通过噪声,而且影响车内噪声,这对乘车舒适性有着很大的影响。进气系统由空气滤清器、节气门体、进气歧管、涡轮增压器(用于增压发动机)等组成,如图9-1所示。

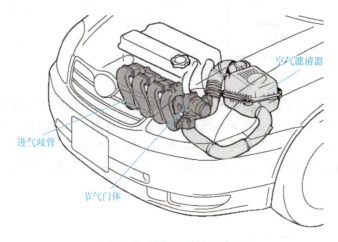

图9-1 进气系统的组成

发动机工作时,驾驶员通过加速踏板操纵节气门的开度,以此来改变进气量,控制发动机的运转。进入发动机的空气经空气滤清器滤去尘埃等杂质后,流经空气流量计,沿节气门通道进入动力腔,再经进气歧管分配到各个气缸中。发动机冷车急速运转时,部分空气经附加空气阀或急速控制阀绕过节气门进入气缸。

(1)空气滤清器 空气滤清器内装有一个滤芯,如图9-2所示,在外部空气进入发动机时,它可从空气中除去灰尘和其他颗粒。空气滤清器滤芯必须定期清洗或更换。

(2)节气门体 自然吸气式发动机的节气门体位于进气歧管与空气滤清器之间;如果是增压式发动机,节气门体则位于进气歧管与增压器之间。节气门位置传感器将加速踏板的操作转换成电信号,使ECU根据驾驶状况来控制节气门控制阀,以此来调节吸入气缸中的空气燃油混合气量。当加速踏板被踩下时,节气门开启,吸入大量的空气燃油混合气,使发动机输出功率增大。节气门体同时还配备急速控制阀(ISCV),以便当发动机在冷态或急速期间调节进气量,如图9-3所示。

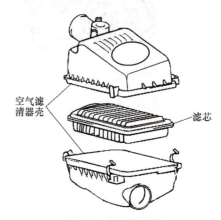

图9-2 空气滤清器

(3)涡轮增压器 涡轮增压器是利用排气的能量来压缩进气,并将高密度的混合气送入燃烧室来增加产出功率的装置。它主要由壳体、泵轮、涡轮、轴承、排气旁通阀等组成,

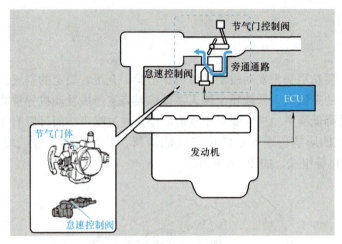

图 9-3 节气门体

如图 9-4 所示。当涡轮利用排气能量转动时,装在同轴上另一端的增压器叶轮将压缩后的进气送入发动机,涡轮增压器通过泵轮将压缩空气送至气缸内,得到高输出功率。但是如果压力上升过高,发动机零件将会承受不了爆燃力,因此当增压压力超过规定值时(大约 70kPa),执行器通过控制排气旁通阀开闭的大小来控制增压压力,使增压压力不致超过规定值,如图 9-5 所示。

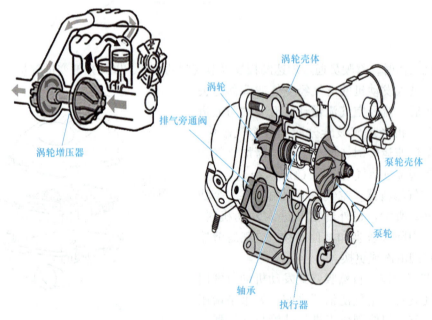

图 9-4 涡轮增压器

当增压压力低于规定值时,执行器并无动作,因此排气旁通阀仍保持关闭,全部排气被导入涡轮内,如图 9-6 所示。

如图 9-7 所示,当发动机转速上升,涡轮增压器所提供的增压压力超过规定值时,执行器的膜片被压下,这样就驱动排气旁通阀开启,部分排气进入排气旁通通路而未进入涡轮。由于部分排气未进入涡轮,使涡轮转速受到调节,将增压压力保持在规定值内。

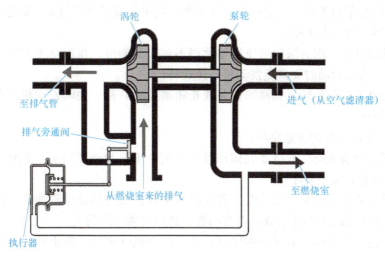

图9-5 涡轮增压器调压示意图

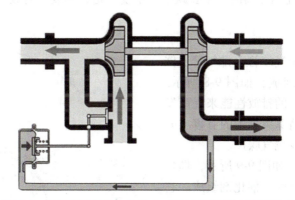

图9-6 排气旁通阀的工作状态（增压压力低于规定值时）

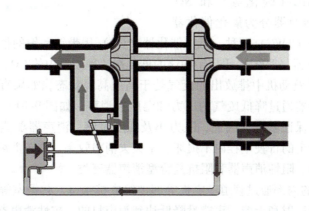

图9-7 排气旁通阀的工作状态（增压压力高于规定值时）

1) 涡轮增压器的使用注意事项：

① 涡轮增压发动机中的机油不仅润滑发动机，而且润滑和冷却涡轮增压器。发动机机油受涡轮增压器热量的影响，其温度很容易升高，因此，机油和机油滤清器应当定期更换，否则会导致涡轮增压器损坏。如果不使用符合规定的机油，可能导致涡轮增压器轴承损坏。

因此,一定要根据车辆类型和使用条件,参考驾驶员手册或保养项目表,确定符合规定的机油及机油滤清器,并定期更换。

② 在冷机起动时,因为涡轮增压器轴承得不到充分润滑,高速空转或突然加速会导致轴承损坏,所以冷机起动时要避免发动机高速运转。

③ 在发动机高负荷运转(如高速行驶或长距离行驶)后,关闭发动机之前务必使发动机怠速运转数分钟。

2)涡轮增压器的维护注意事项:

① 在空气滤清器或空气滤清器壳体已被拆下时,不要起动发动机,否则,会因外部异物进入而导致涡轮和泵轮损坏。

② 涡轮增压器损坏而必须更换时,首先检查发动机机油的油量和油质、涡轮增压器的使用条件、连接涡轮增压器的油管是否有问题,必要时须排除问题。

③ 拆卸涡轮增压器时,要堵住进气口、排气口和机油进口,防止脏物或其他外部异物进入系统。

④ 拆卸和安装涡轮增压器时,不要跌落,不要碰击,不要抓容易变形的零件(如执行器或连杆)。

2. 排气系统

排气系统主要由排气歧管、排气管、催化转换器、消声器等组成,如图 9-8 所示。它通过改善发动机废气的排放性能来提高发动机效率,同时通过清除废气中的有害成分来清洁废气,还可减少尾气噪声。

(1)催化转换器 如图 9-9 所示,催化转换器主要由壳体、丝网、催化剂组成。它位于排气系统中间,可从废气中清除有害的 CO(一氧化碳)、HC(碳化氢)和 NO_x(氮氧化物)。催化转换器分为氧化催化器

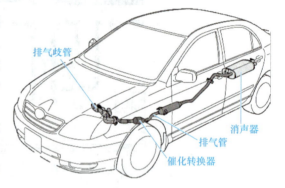

图 9-8 排气系统的组成

(OC)和三元催化器(TWC)两种,氧化催化器(OC)用带铂和钯的催化剂清理废气中的 CO 和 HC,三元催化器(TWC)用带铂和铑的催化剂清理废气中的 CO、HC 和 NO_x。

(2)消声器 从发动机中排放出的废气处于高压高温状态,如果直接排放,会发出爆炸声,因此需要消声器通过降低废气的压力和温度来消声,如图 9-10 所示。消声器作为排气管道的一部分,应保证其排气畅通、阻力小及强度足够。消声器要能经受 500~700℃ 高温,并保证在汽车规定的行驶里程内不损坏、不失去消声效果。汽车消声器按消声原理与结构可分为抗性消声器、阻性消声器和阻抗复合型消声器三类。

1)抗性消声器的内部通过管道、隔板等部件组成扩张室、共振室等各种消声单元,声波在其中传播时发生反射和干涉,声能量降低达到消声目的。抗性消声器消声频带有限,通常对低、中频带噪声消声效果好,对高频噪声消声效果差。货车多采用抗性消声器。

2)阻性消声器是在内部排气通过的管道周围填充吸声材料来吸收声能量达到消声目的的消声器。阻性消声器对中、高频噪声消声效果好,单纯用作汽车排气消声器的较少,通常与抗性消声器组合起来使用。

3)阻抗复合型消声器是用抗性消声单元和阻性吸声材料组合而成的消声器,具有抗

性、阻性消声器的共同特点，对低、中、高频噪声都有很好的消声效果。

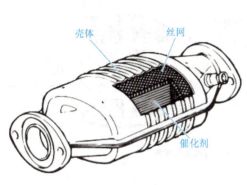

图 9-9 催化转换器

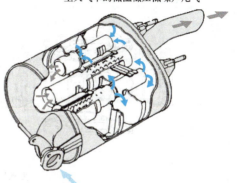

图 9-10 消声器

二、数字教学资源

请扫描下方二维码观看。

进、排气系统检测与装配（微课）

进气系统管道及相关传感器检测（技能）

排气系统各部件的拆检（技能）

为什么进气门比排气门大得多

三、任务实施

根据班级学生人数、实训设备台架数进行分组，每组选出一名负责人，负责人对小组任务所涉及操作要点、安全、质量、检查等任务要点进行分配。组员根据任务相关知识、维修手册、数字教学资源，按个人职责要求完成相关任务内容，并填写表 9-1。

表 9-1 发动机进、排气系统的检测与维修学习工作页

客服信息	姓名		联系电话	
车辆信息	车型	VIN 码		行驶里程
客户描述	车辆无法起动，不着车 □ 发动机起动困难 □ 车辆上坡时熄火 □ 其他：			

（续）

车辆外观检查		车辆内部检查	
凹凸		燃油量	内饰
划痕			
石击			
工作任务	发动机进、排气系统的检测与维修		
发动机进、排气系统检测与维修数据记录			
处理意见			
小组职责分工			
姓名	职务	主要职责	
	组长		
	安全员		
	质量员		
	监督员		
	工具管理员		
	操作员		
	检查员		
	记录员		
作业计划			
序号	作业项目	所需工具	安全注意要点	技术要求

（续）

实施情况							
序号	作业项目	主要技术参数记录	工具选用是否合理	操作是否安全	操作是否规范	作业顺序是否合理	是否符合技术要求

改进建议：

检查					
序号	检查项目	技术要求	自检结果	互检结果	终检结果

四、评价与反思（见表9-2）

表9-2　评价与反思

序号	项目	自评	互评	终评
1	课前学习情况（10分）			
2	理论知识掌握情况（10分）			
3	个人职责履行情况（10分）			
4	作业计划制订完成情况（10分）			

（续）

序 号	项 目	自 评	互 评	终 评
5	任务实施情况（10分)			
6	任务检查情况（10分)			
7	安全防控情况（10分)			
8	工作素养（5S）（10分)			
9	团队合作情况（10分)			
10	沟通协调能力（10分)			

总结反思：

项目 10

发动机的装配与装配质量检验

 **任务导入**

张师傅带领学徒大修一台发动机,学徒将发动机分解完成,接下来应该装配发动机了,但是学徒不知道怎么做。如果你是张师傅,请你告知学徒装配发动机应注意什么,怎样控制发动机装配质量。

 任务 1　发动机的装配

知识目标

1. 能描述发动机装配相关配合参数的重要性及影响。
2. 能描述发动机的装配技术要求和装配规范。

技能目标

1. 能参考相关资料制订发动机装配方案。
2. 能按规范、技术要求装配发动机。

社会能力目标

1. 具有良好的职业素养。
2. 具有工匠精神及作风。
3. 吃苦耐劳,善于学习。
4. 会分析、解决问题。
5. 善于沟通与合作。

任务描述

发动机的装配是发动机大修的重要环节,其装配质量会影响发动机的动力性和可靠性。本任务主要通过制订和实施发动机装配计划,掌握发动机装配规范和发动机装配相关知识、技能要点。

一、相关知识

发动机装配就是按照发动机的技术要求以及质量标准,将发动机各零部件组合成发动机总成的过程,是发动机维修过程的最后环节,也是影响发动机最终质量和性能的关键环节。

1. 发动机零部件配合参数的重要性及影响

发动机总成由多个零部件组合而成,对各个零部件之间的位置方向、配合参数、螺栓拧紧力矩都有严格要求,如活塞与连杆之间的位置关系、曲轴与轴瓦之间的配合间隙、气缸盖螺栓的拧紧力矩等。零部件之间的配合参数是由零部件之间的位置关系、运动关系、工作环境及材料等因素决定的,其值的大小是经过科学实验论证的,是装配发动机须控制的重要技术参数,决定着发动机的动力性和可靠性。一般技术员不能随意改变配合参数,否则不合理的配合参数会导致发动机性能下降、使用寿命缩短,以及发动机拉缸、抱死、异响等故障。

2. 发动机装配技术要求

1)零部件的技术参数应符合技术要求。发动机零部件是发动机的构成单元,任何部件质量存在问题,都会影响发动机性能。因此,装配发动机前,应对所有部件进行清洁、检测,确保所有零部件符合技术要求。

2)零部件的配合参数应满足维修手册的规定。维修手册对发动机各部件的配合间隙有明确的规定,装配发动机时,应先检测零部件的配合间隙,如不符合要求,应重新进行选配。

3)零部件的安装方向及联接螺栓的拧紧力矩应与维修手册要求保持一致。装配发动机前,应查阅维修手册,注意零部件的安装方向,严格按照相关要求拧紧螺栓。

3. 发动机装配规范

发动机装配主要分为清洁、检测、选配部件、组装、检查等环节。干净整洁的工作环境和工具、量具,是确保发动机质量的前提,组装发动机前,应先排查作业环境是否有安全隐患,清洁工作场地、工具、量具等设备及所有零部件。先对发动机配件进行清洁,更换不能使用的零件,再选配合适的部件,并检测所有部件,包括新更换的部件,确保所有部件的技术参数和配合间隙符合技术要求。组装发动机时,应注意各部件的安装方向,并在配合部位涂抹润滑油,拧紧联接螺栓时应按规定的顺序和力矩大小进行拧紧。组装完成后,应对各组装环节安装情况进行检查,以确保装配质量满足要求。

二、数字教学资源

请扫描下方二维码观看。

发动机总成装配(微课)

发动机装配实操(技能)

三、任务实施

根据本班级学生人数、实训设备台架数进行分组,每组选出一名负责人,负责人对本小组任务所涉及的操作要点、安全、质量、检查等任务要点进行分配。组员根据任务相关知识、维修手册、数字教学资源，按个人职责要求完成相关任务内容，并填写表10-1。

表10-1　发动机总成的装配学习工作页

客服信息	姓名			联系电话	
车辆信息	车型		VIN码	行驶里程	
客户描述	车辆无法起动，不着车　□ 发动机起动困难　　　　□ 车辆上坡时熄火　　　　□ 其他：				
	安全隐患排查			工具设备、量具、物料准备清单	
	消防安全设备设施　正常□　不正常□ 工作场地安全条件　正常□　不正常□ 工具设备安全状况　正常□　不正常□ 周围作业人员状况　正常□　不正常□				
工作任务			发动机总成的装配		
发动机总成装配的主要技术参数记录					
处理意见					
小组职责分工					
姓名	职务		主要职责		
	组长				
	安全员				
	质量员				
	监督员				
	工具管理员				
	操作员				
	检查员				
	记录员				
作业计划					
序号	作业项目		所需工具	安全注意要点	技术要求

（续）

序号	作业项目	实施情况					
		主要技术参数记录	工具选用是否合理	操作是否安全	操作是否规范	作业顺序是否合理	是否符合技术要求

改进建议：

序号	检查项目	检查			
		技术要求	自检结果	互检结果	终检结果

四、评价与反思（见表 10-2）

表 10-2 评价与反思

序号	项目	自评	互评	终评
1	课前学习情况（10分）			
2	理论知识掌握情况（10分）			
3	个人职责履行情况（10分）			
4	作业计划制订完成情况（10分）			
5	任务实施情况（10分）			
6	任务检查情况（10分）			
7	安全防控情况（10分）			
8	工作素养（5S）（10分）			
9	团队合作情况（10分）			
10	沟通协调能力（10分）			

总结反思：

任务 2　发动机装配质量的检验

知识目标
1. 能描述发动机装配质量的影响要素。
2. 能描述发动机装配质量控制要点。

技能目标
1. 能参考相关资料制订发动机装配质量检验方案。
2. 会检查评价发动机装配状况。

社会能力目标
1. 具有良好的职业素养。
2. 具有工匠精神及作风。
3. 能吃苦耐劳，善于学习。
4. 会分析、解决问题。
5. 善于沟通与合作。

任务描述

发动机装配质量的检验是发动机维修质量管理必不可少的环节，是保证发动机装配可靠性和安全性的重要手段。本任务通过按照国家标准 GB/T 3799.1—2005《商用汽车发动机大修竣工出厂技术条件 第1部分：汽油发动机》的相关规定对发动机装配质量进行检验，掌握发动机装配质量检验的相关知识和技能。

一、相关知识

1. 发动机装配质量的影响要素

发动机的装配流程繁多，装配工艺十分复杂。影响发动机维修装配质量的因素较多，主要有人的因素、工具设备的因素、配件质量、装配工艺、装配规范、质量检验方法等。

2. 发动机装配质量检验的主要项目和技术要求

为确保发动机的装配质量，通常在发动机装配前对发动机重要部件的技术参数进行检验，在装配过程中对重要部件的配合间隙也需进行检验，装配完成后还需对发动机各部件的安装状况、螺栓的拧紧力矩、油液量、气缸压力等项目进行检验，并起动发动机，对发动机运转状况进行检验。发动机装配质量检验的主要项目和技术要求见表 10-3。

表 10-3　发动机装配质量检验的主要项目和技术要求

序号	项　目	技术要求
1	发动机外观	发动机的外观应整洁完好，各系统的附件应齐全、有效，且安装正确、牢固 发动机各部位应密封良好，不得有漏油、漏水、漏气现象，电气部分应安装正确、绝缘良好

（续）

序号	项　目	技　术　要　求
2	发动机装备	装配所用的零部件和附件均应符合原设计要求或修理技术要求 发动机应按装配工艺要求装配齐全，装配过程中应按要求进行过程检验 装配后的发动机应按原设计规定加注润滑油、润滑脂、冷却液 排气制动装置应可靠、有效 柴油发动机的喷油泵、喷油器、调速器均应进行调试、检测，其性能指标应符合原设计要求 增压或增压中冷发动机的增压装置应按原设计规定进行装配和检验，其增压系统应工作正常 对原设计规定需加装限速装置的发动机，应对其限速装置作相应调整并加装铅封。限速装置宜在发动机走合期满进行首次维护后拆除 电子控制燃油喷射系统装置应齐全、有效
3	发动机性能	1. 起动性能 汽油发动机在环境温度不低于-5℃，柴油发动机在环境温度不低于5℃时，应能顺利起动（允许起动3次，每次的起动时间不超过5s）。在正常工作温度下，发动机应能在5s内一次顺利起动 2. 怠速运转性能 从起动后到正常工作温度，发动机怠速应运转平稳，其怠速转速应符合原设计规定，并能保证向其他工况圆滑过渡 3. 运转状况 （1）在正常工作温度下，发动机在各种工况下应运转稳定、无异响，不得有过热、异常燃烧和爆燃等现象；发动机各工况过渡应平稳，不得有突爆、回火、放炮等异常现象，无失火 （2）当柴油发动机转速超过额定转速时，调速控制装置应正常有效。紧急停机装置在发动机整个运转过程中应可靠、有效，不得出现失控现象 4. 气缸压缩压力 在正常工作温度下，气缸压缩压力应符合原设计规定，且汽油机各缸压缩压力差应不超过各缸平均压力的5%，柴油机各缸压缩压力差应不超过各缸平均压力的8% 5. 进气歧管真空度 在正常工作温度和标准状态下，发动机怠速运转时，进气歧管真空度应符合原设计规定，且其波动范围应满足如下要求：6缸汽油发动机一般不超过3kPa，4缸汽油发动机一般不超过5kPa 6. 曲轴箱压力 在正常工作温度下，曲轴箱的压力应符合原设计规定 7. 增压压力 增压压力应符合原设计规定。检验方法按原车技术文件规定进行 8. 调速率 柴油发动机稳定调速率应符合原设计规定。检验方法按GB/T 18297—2001《汽车发动机性能试验方法》的规定进行 9. 机油压力 在正常工作温度和规定转速下，机油压力和机油温度应符合原设计要求，警示装置可靠、有效 10. 额定功率和最大转矩 在标准状态下，发动机的额定功率和最大转矩应不低于原设计的90%

（续）

序号	项目	技术要求
3	发动机性能	11. 最低燃料消耗率和机油消耗量 最低燃料消耗率应不大于原设计的 105%，机油消耗量应符合原设计规定。检验方法按 GB/T 18297—2001《汽车发动机性能试验方法》的规定进行 12. 排放性能 发动机排放装置应齐全、有效，车载诊断系统（OBD）应工作正常，排放污染物应分别符合相关标准的规定 13. 电子控制燃油喷射系统 电子控制燃油喷射系统的技术参数与性能应符合原设计要求。ECU 应无故障码显示并进行初始化设置 发动机的性能检验可用台架测试或在发动机装车后进行

二、数字教学资源

请扫描下方二维码观看。

发动机装配质量检测

三、任务实施

根据本班级学生人数、实训设备台架数进行分组，每组选出一名负责人，负责人对本小组任务所涉及的操作要点、安全、质量、检查等任务要点进行分配。组员根据任务相关知识、维修手册、数字教学资源，按个人职责要求完成相关任务内容，并填写表 10-4。

表 10-4 发动机装配质量的检验学习工作页

客服信息	姓名		联系电话	
车辆信息	车型	VIN 码		行驶里程
客户描述	车辆无法起动，不着车 □ 发动机起动困难 □ 车辆上坡时熄火 □ 其他：			

（续）

车辆外观检查		车辆内部检查	
凹凸		燃油量	内饰
划痕			
石击			
工作任务	发动机装配质量的检验		
发动机装配质量检验数据记录			
处理意见			
小组职责分工			
姓名	职务	主要职责	
	组长		
	安全员		
	质量员		
	监督员		
	工具管理员		
	操作员		
	检查员		
	记录员		
作业计划			
序号	作业项目	所需工具、量具	安全注意要点	技术要求

（续）

序号	作业项目	实施情况					
		主要技术参数记录	工量具选用是否合理	操作是否安全	操作是否规范	作业顺序是否合理	是否符合技术要求

改进建议：

序号	检查项目	检查		
		技术要求	自检结果	互检结果	终检结果

四、评价与反思（见表 10-5）

表 10-5　评价与反思

序　号	项　　目	自　评	互　评	终　评
1	课前学习情况（10分）			
2	理论知识掌握情况（10分）			
3	个人职责履行情况（10分）			
4	作业计划制订完成情况（10分）			
5	任务实施情况（10分）			

（续）

序　号	项　目	自　评	互　评	终　评
6	任务检查情况（10分）			
7	安全防控情况（10分）			
8	工作素养（5S）（10分）			
9	团队合作情况（10分）			
10	沟通协调能力（10分）			

总结反思：

参 考 文 献

[1] 丰田汽车公司. 汽车动力总成维修［M］. 北京：高等教育出版社，2006.
[2] 中国汽车维修行业协会. 发动机与底盘检修技术（模块D）：上册［M］. 北京：人民交通出版社，2008.
[3] 汤定国，左适够. 汽车发动机构造与维修［M］. 3版. 北京：人民交通出版社，2014.
[4] 谢先树. 汽车维护［M］. 武汉：中国地质大学出版社，2014.
[5] 吕丕华. 汽车发动机机械系统检查与修理［M］. 北京：中国三峡出版社，2014.
[6] 吕丕华. 汽车发动机机械系统故障诊断与维修［M］. 北京：中国劳动社会保障出版社，2018.
[7] 上海景格科技股份有限公司. 汽车发动机构造与拆装［M］. 上海：华东师范大学出版社，2018.
[8] 曾鑫. 汽车发动机机械系统检修［M］. 北京：高等教育出版社，2018.
[9] 林振清，吴正乾. 汽车发动机构造与维修［M］. 东营：中国石油大学出版社，2016.
[10] 朱金勇. 汽车发动机构造与维修［M］. 北京：北京理工大学出版社，2011.
[11] 马卫平，卢生，薛国普. 汽车构造［M］. 北京：科学技术文献出版社，2015.
[12] 杨波，张莉，白秀秀. 汽车发动机构造与维修［M］. 2版. 北京：北京理工大学出版社，2019.
[13] 胡光辉，仇雅莉. 汽车自动变速器原理与检修［M］. 北京：机械工业出版社，2006.
[14] 许冀阳. 汽车发动机电控系统原理与故障诊断［M］. 北京：北京理工大学出版社，2017.